빗나간 1초

빗나간 1초

초판발행 | 2022년 8월 3일

발행처 | 국민일보

등록 | 제1995-000005호

주소 | 서울 영등포구 여의공원로 101

전화 | 02-781-9870

홈페이지 | www.kmib.co.kr

978-89-7154-355-9 (03200)

이옥련 시집

빗나간 1초

국민일보

남다른 패역함으로 주님을 거부했고 아들이 꺾이고
주님께 무릎을 꿇었습니다.
아들의 의료사고는 저의 가정을 송두리째 무너뜨렸습니다.
희망과 생의 의욕을 송충이가 솔잎을 갉아먹듯이
뼈만 앙상한 춤을 추게 만들었습니다.
숨넘어갈 어느 날 주님은 저를 만나 주셨습니다.
생의 끝자락에서 와락 끌어안으셨습니다.
주님 사랑에 살아났습니다.
평안을 주셨고 감당할 힘을 주셨습니다.
죄 짐을 벗은 자의 자유는 평안이고 기쁨이었습니다.
저는 고난을 통하여 어린 나이에 인간의 존재와 한계와
주님의 전능하심을 배웠습니다.

에덴의 선악과 열매를 먹은 빗나간 1초는
창조 질서를 파괴한 반역입니다 하나님을 대적한 죄입니다.

빗나간 1초는 인간이 모든 것을 자신이 선택하고
책임을 져야 하는 죄의 짐에 속박당한 인생이 되었습니다.
창조의 목적을 상실한 세상은 길 잃은 길 위에서
야망의 이름들을 펄럭입니다.
사탄에 미혹된 피조 세계는 창조질서를 파괴하고
어두움의 울음을 울고 있습니다.
그 울음의 원인과 이유와 결과를 알지 못합니다.
그 울음은 영원히 울어야 할 빗나간 1초의 죄의 짐입니다.

하나님은 빗나간 1초를 방치하지 않으셨습니다.
빗나간 1초의 자리에 주님은 부르십니다.
복음을 믿는 영생의 자리로 당신을 초대합니다.
하나님 거룩의 옷자락에 피 담은 사랑입니다.
예수님 육체가 난자당한 피 쏟은 사랑입니다.

이 글은 주님께 올려드립니다.

때로는 울음으로 때로는 감동으로

때로는 기도 가운데 주시는 감동으로 썼습니다.

주님은 잃어버린 영혼들을 기다리며 눈물을 흘리십니다.

인간의 마음에는 빈 공간이 있습니다.

그 공간은 하나님의 자리입니다.

빈 공간은 하나님을 믿어야

참 자유와 기쁨과 평안이 있습니다.

아버지 없는 마음은 캄캄합니다.

길이 없습니다. 두렵습니다. 사망입니다.

어떻게 살아야 할까요? 우리는.

추천사를 쓰신 신성종 목사님, 김해성 목사님,

국민일보 전정희 국장님께 감사드립니다.

크리스천 문학나무 소설가 이건숙 사모님, 황충상 교수님과 회원 분들 응원을 감사드립니다.

수고하신 국민일보 맹경환 부장님과

관계자님들께 감사드립니다.

지인들의 배려와 남편과 가족의 사랑과 격려에

감사드립니다.

믿지 않는 분들께는 복음의 메시지로

시대를 향한 주님의 메시지가 되시길 기도드립니다.

주님의 이름으로 천국서 뵙기를 기도드립니다.

감사합니다.

목차

사랑하는 아들아

흰 옷 입은 무리

어두움 속의 슬픔

소망의 노래

아 불쌍한 세대여

삶의 자리

도레미 대합창

기도의 자리

외쳐라 울어라

못다 한 말

예수 그리스도

십자가의 길

하나님 영광 자리
영광되심 버리시고
종의 형체 입으시고
사람으로 오시다
자신을 낮추시고
하나님께 순종하사
십자가에 죽으신
나의 주님 나의 주님

종려 가지 흔들며
환호하던 군중들
주님 은혜 받은 무리들
주님의 고난 앞에 침묵이 변해
고함치며 외치는 소리
못 박으라 못 박으라
십자가에

희롱과 멸시 천대와 수욕
채찍 맞아 찢기신 등허리

온 살점 다 떨어지고
난자당한 육체에 십자가 지시고
쓰러지고 또 쓰러진
골고다 그 길
죽음의 길 죽음의 길

하나님께 외면당한
처절한 모습
머리에 쓴 가시관
온 얼굴 피로 물들고
대못 박힌 양손과 발
흘러내리는 피
속죄의 피 속죄의 피

타는 목마름
조롱하는 무리들
열두 영 천사 호령해
고난의 잔 외면 못할까
하나님의 뜻
인간 구원의 길
죄의 값
지옥 고통
대신 지신

십자가 십자가의 길
옆구리 창 찔리시고
마지막 피와 물
다 쏟으시다
아버지 저희를
사하여 주소서
목마르다
다 이루었다
아버지여 나의 영혼
아버지께 의탁하나이다
운명하시다

온 산천 소리쳤다
하늘과 땅
해가 빛을 잃고
어두움 임했다
땅이 진동하고
바위 터지고
무덤 문 열리고
죽은 성도들 일어났다
그 된 일들 보고
무리들 떨면서 하는 말
그는

진실로 진실로
하나님의
아들이었도다
아들이었도다

약속 이루시다

옛 선지자 예언이 성취될 긴박한 그곳
주의 천사 꿈에 나타나 은밀히 부르다
다윗의 자손 요셉아 두려워 말라
마리아는 성령으로 잉태하였다
아들을 낳으리라
그 아들의 이름은
예수이다
자기 백성을 그들의 죄에서 구원할 자이다
임마누엘이다
우리와 함께하시는
하나님이시다

그 황홀한 꿈에서 깬
요셉
근심과 염려 사라지고
그 옛날 태초 에덴의 아름다운 땅에 간사하고
음흉한 사탄의 계략에 넘어간 한 사건은
인류를 죽음과 파멸의 구렁텅이에 빠트렸다
먹지 말라 먹으면

반드시 죽는다
하나님이 금지한
선악과를 먹었다

피조물의 대표 아담 그 언약 깨트리고
죽음으로 인간을 몰아넣은 장본인이 되었다

창조주 하나님과
관계 끊어지고

두려움과 공포의 날을 지내다

한 아기 베들레헴
마구간에 태어나시다
사탄의 움직임은 그 아기 죽일 음모 꾸미고
사방의 적들은 공포의 시퍼런 눈들을 굴린다
인간의 죄를 대신할 자격은
완전한 인간이어야 하며
완전한 용서를 보증하는
하나님 자신이어야 한다
완전한 중보자는
하나님인 동시에 인간이 되어야 인류를
죄에서 구원할 자격을 가진 것이다

예수 그리스도는
완전한 하나님이시며
완전한 인간이시다
그분만이 죄를 사하실 중보자이다
천사들의 노래 하늘을 울리고
하늘에는 영광
땅에서 기뻐함을
입은 자들에게 평화로다
생명 빛 세상에 내리시다
사랑 줄 세상에 내리시다

공생애 시작하시다

약속되신 메시아 죄가 없으신
예수 그리스도
낮은 자리에서 물세례 받으시다
세례 받으심을 통하여
메시아 사역의 문을 여시다

하나님의 목소리 들리다
이는 내 사랑하는 아들 내 기뻐하는 자이다
태초 전 예비된
구주 예수 그리스도 공생애 시작하시다

의롭게 창조된 첫 사람 아담
그 옛날 에덴의 동산에서
사탄의 시험을 받아 타락하다
인류 구원을 위해 오신
둘째 아담 예수 그리스도
아담을 타락시킨
사탄
예수를 시험하다

사탄의 유혹을
말씀으로 물리치고
구속 사역의 문을 여시다

사형선고 받으시다

마지막 만찬 떡과 포도주
언약을 이루실
예수님의 살과 피
겟세마네 기도자리 무릎 꿇다

하나님 진노의 잔
십자가의 죽으심
피 맺힌 절규의 기도
아버지
이 잔을 내게서 옮겨주소서

하지만
나를 보내신 아버지 뜻에 순종하길 원하나이다
사탄의 머리를 깨는 십자가 감당할 힘을 얻으시다

겟세마네 동산에서 체포되시다
그 앞잡이는 제자 유다
간악한 유다여 불쌍한 유다여
예수를 죽일 음모자 무리 속에

영의 눈은 어두운 자
육의 눈은 밝은 자
그 잔혹한 욕망을 사탄이 꿰뚫고
죄 없으신 그분을 죽이기 위한 악한 자들의
계략은 밤새워 그분을 끌고 다니다

인성을 입으신 신성의 예수를
신성 모독의 죄 패 붙이고
땅에 속한 어두움의 힘들이
하늘의 왕을
죽음의 자리로 내모는 음모는
원수들과 마음이 합해지고
양심의 소리도 귀를 막아
그분을 밤새워 고문하다

죄를 찾지 못한 빌라도 놓아주길 원했지만
자신들의 뜻을 이루는 무리들의 외치는 함성
못 박으라 십자가에 못 박으라 십자가에

십자가 처형당하시다

불의한 인간을
의롭게 만드는
경이로운 사건이
골고다 언덕
십자가 형틀에서 실현되다

구름떼같이 모여든 군중들
한 사람의 최후를 지켜보다
하나님의 아들이어든
십자가에서 뛰어내려라
조롱과 비웃음 소리
골고다 언덕을 휘감다

죄의 광기에
잠식당한 무리들
한바탕 어두움의
축제를 벌이다

입혀 주신 거룩한 완전한 자유
자유 의지로 불순종한 에덴의 유혹

쫓겨난 인간의 속박당한 죽음의 길
대를 이어 내리다

그 길을 걷지 않을 자 있는가?
그 길에서 건져 줄 자 있는가?

인간의 죄를 대속하실
의로우심이
피투성이 몸으로 십자가에 매달리다

사단의 진을 파하는
역사의 현장에
마지막 고통의 숨을 몰아쉬다

시공간 너머 계신 창조주
시공간 안
인간 세상 내려오신 사랑
인간들의 죄 사할 길
하나님의 공의를 이루실 길
오직
예수 그리스도의 죽으심이다

아들을 내어 주신 아버지의 고통이

아들의 얼굴에 피로 떨어지다

죄와 죽음의 형벌을
예수의 피에 수장시키시는
역사의 현장
온 우주도 숨을 멈추고
길을 잃고 빛을 잃다
피조 세계의 거센 통곡은 골고다 언덕을 삼키다
찢기신 몸으로
성소 휘장 찢으시고
죄의 담 피로 허무신
예수 그리스도
다 이루었다
아버지여 나의 영혼을 받으소서
운명하시다

하나님의 의를 이루신 그분의 외침은
천국의 문을 여는 새 창조의 함성이다

부활하시다

천지 창조 선포
예수 그리스도
십자가 나무에서 운명하시다
산천초목 통곡 소리
하늘 해도 빛을 잃었다
세마포 한 장에 영광의 몸 감싸여져
어두운 동굴 무덤
피투성이 몸 누이셨다
따르던 무리들 길 잃고

어두움 속 추적자 한바탕 웃어 댄다
그를 죽였다
나는 승리의 왕 축배를 마시자
낄낄대며 손뼉 친다
인간의 죄
사슬에 엮어 줄줄이 끌고 간다
지옥으로
영원히 길이 없다
내가 내가 이겼다

나 사탄이 이겼다
후후후

밤 맞도록 파수꾼들
돌무덤 지키다
새벽녘 번개 형상의 주의 천사
무덤 돌 굴리고
그 위에 앉았다
파수꾼들 두려워 죽은 자 같이 되었고
천사 선포하다
그분 말씀대로 살아나셨다
달려간 무덤 속 비었고
여인들 두려움 속 기쁨이어라

예수 그리스도
부활하셨다
사망 권세 공중 권세자 멸하셨다
죄 죽음 사망 지옥 다 물리치셨다
부활의 첫 열매
예수 그리스도
성도들 부활 표상 되셨다
나팔 소리 성도들 죽음에서 부활하고
나팔 소리 성도들 살아 들림 받으리

신랑 예수 그리스도
신부 된 교회들
공중 혼인 잔치 기다리며

사랑의 문 여시다

창조의 노래

창조주
사랑의 문 여시고
명령하시다
천지야 창조되어라
하늘이 열리고 땅이 솟았다
바다는 출렁출렁 꽃들 춤춘다
새들은 창공을 헤엄쳐
하늘 잔치 소식 전하고
동물들 넓은 들판 달려 포효하네
물고기 떼 곡예 잔치 장관이다

장엄한 붉은 태양
악수 청해 축하하고
밤의 달 새색시
옷깃 여미며 인사한다
밤별들 하늘 궁전에 보석 뿌려
에덴의 즐거움에 박수 보낸다

하나님 숨결의

긴장한 시간은 다가오고
흙 한 줌
사랑의 눈으로 어루만지시다
흙 한 줌이
사람이 되었다
하나님 숨결이 불어져
눈을 떴다 눈을 떴다네
하나님 형상 눈을 떴다네
오, 거룩하심의
손길이 빚으신
완전함의 작품이다
아담아

혼자 쓸쓸한 아담 깊은 잠 들게 하시다
아담 갈비뼈
하나님 손길에
여인이 되었다
아담의 탄성
오, 사랑하는 나의 사람아
오, 나의 여인이여
그 둘은 사랑이다
하나님 사랑
두 몸이 동일한 한 몸이다

손잡아 에덴동산 주인 된
영원한 하나님 축복이다
보시기 심히 좋아 크게 웃으시다

창조의 완성작
아담과 하와
천지 창조
온 산천 창조물들
축제 한마당
에덴에서 벌어지다

천사들 천국 합주곡 울려 퍼지다
바라보시는
그분 사랑 어찌 잊을까
흡족하신
그분 마음 어찌 잊을까
오, 만물아
창조주께 영광, 영광
영광 받으시기
합당하신 하나님

그 거룩의 옷자락에 만물을 담아
선물로 인간 세상 문 여셨네

오, 할렐루야, 할렐루야
완전하신 주 하나님
엎드려 경배 드립니다

슬픔의 정원

에덴동산 거니는
아름다운 하와
그녀를 노리는 손길은 가장 간교한 뱀
스르륵 그녀 눈앞에 엷은 미소의 손길이 손을 내밀다
하와의 마음 빈 공간을
재빨리 눈치챈 미혹의 왕
거짓의 혀로 약한 하와의 심장부를 공격하다

하와여 저 나무 보이니?
정말 아름다운 나무이지?
열매는 얼마나 맛있을까?
먹어 보고 싶지 않아?

저 나무는 금지된 나무야
누가 금지시켰어?
하나님께서
먹지 말라 말씀하셨어
왜 하나님은
그 나무의

열매를 먹지 말라 하셨지?
그 열매를 먹으면
죽을까
염려하시는 것이야
아니야
그럴 리가 없어
너희는 절대 죽지 않아
내가 답을 줄게

너희가 선악과를 먹으면
너희 눈이 밝아져
하나님과 같이 되기 때문이야
정말이야
한번 먹어 봐
정말이라니까?
사탄의 대행자 교활하고
속임에 능한 뱀의 입술에
미혹하는 언어의 마술이 터져 나온다
먹어 먹어 봐 너 하나님과 같아져

하나님의 형상을 파괴하고
하나님과
관계를 이탈시키려는 사탄의 계획은

하와의 눈과 귀에
미혹의 풍선을 불었다
미혹을 받은 하와 눈에
선악과 열매는
먹고 싶고 아름답고
지혜의 탐스러운 열매로
팔을 벌려 다가오다

선악과는 먹지 말라 먹으면 반드시 죽는다
하나님의 말씀은 하와의 마음에서 떠났다
그녀는 저항 없이
열매를 따 먹다
아담 그도 먹은지라
사탄의 미혹에
죽음과 죄의 통로가 열리다
영원한 지옥 불 통로가 열리다

사탄의 간교한 미혹에 스스로
망각의 선을 넘어 눈이 밝아졌다
다툼 분열 공포와 죽음의 보따리를 풀어헤치다
하나님 언약을 산산조각 낸
범죄자들 뒤에서
한바탕 큰 웃음의 천둥 치는 소리가 들리다

내가 이겼다 내가 이겼다
나 사탄이 이겼다
너희들은 여지없이 나의 전술에 걸려들었지
너희 발에는 죄의 족쇄가 채워져
나의 노예로 살고 죽음 후에는
영원한 지옥 불 못에서
통곡하게 될 것이다
이것이 내가 하늘에서 쫓겨난 보복이다
후후후 나는 하나님을 이겼다

창조가 무너졌다
창조가 무너졌다네
하나님
창조의 걸작품이 죄를 범했다
사탄의 간교함이
에덴의 문을 열고
에덴 하나님 작품을 파괴시켰다

심히 보시기 좋아 흡족하신 그분 마음에
눈물을 흘리게 한 장본인 아담과 하와
피조 세계도 슬픔에 잠겨 통곡을 하다
하나님 엄중한 선고가 떨어지다
아담은 이마의 땀을 흘려 소산을 먹어라

하와는 해산의 고통을 크게 더하리라
에덴을 떠나 너희 수고로 소산을 먹어라
에덴을 쫓겨난 그들의 마음에 후회의 파도가 인다
하나님은 죄 사하실
예수 그리스도를 약속하시다

후손들의 불순종

아담의 후손들은
하나님 낯을 피하여 숨다
자신들이 만든
무화과나무 잎으로 자신들을 감싸고
스스로 이름 높이는 놀이에 빠지다
보암직 먹음직 탐스러운
선악과의 불순종은
육체의 정욕 안목의 정욕
이생의 자랑이 되고
하나님 창조 질서를 파괴하는
거짓의 공연장을
만드는 불순종의 노예들이 되다

너 하나님과 같아져
에덴의 은밀한 사탄의 속삭임에
스스로 하나님 자리들을 탐내다
자신이 주인 되기 원하는 교만은
꼿꼿한 뱀의 머리를 닮았다
하나님을 대적하는 혀 놀림은

뱀의 간교한 거짓을 닮았다
탐욕과 정욕의 눈동자는
뱀 눈의 광기에 마비되고
스르르 감아 숨통 조이는
뱀의 힘에
온 세상이 잠식당하다

사방에서 울부짖는 함성
하나님 떠난 방황의 후손들이여
불신과 미움
적대와 거짓
핑계의 관계로 빠지게 되다
땀방울 고단한 삶은 죗값이라
등허리 터지는 인생 무게에
슬픔의 노래 부른다
다툼과 분열
공포와 죽음
인간 스스로 영원히 길이 없다
죄의 피가 범람하여 대를 이어 흐르다

성경은

성경은
인간의 죄의 실상과
구원의 길을 선포하는
하나님 말씀
구약은 오실 예수
신약은 오신 예수
다시 오실 예수
하늘의 소식을 땅에 전파하다

인간 역사의 주관자
예수 그리스도에 관하여
40여명 저자 1500여년 기간
하나님 숨결 불어넣으시다

일점일획 오차 없으시다
초자연적인 영감의 책이다
베일을 벗겨 숨긴 것 폭로하다
덮여 있던 뚜껑 열어 쏟으시다
감추인 비밀 드러내 밝히시다

하나님 사랑 우주기원 창조행위
우주섭리 구원의 근거 선악의 기준

절대적 원리
근원적인 문제
실상과 결과
존재론적 문제
어디서 와서
어떻게 살며
어디로 가나?

일반의 은총
하나님 만드신 법칙에 따라 사는 삶
특별 은총
죄 사함 받은 하나님 자녀의 특권

인간은
하나님 형상으로 지음 받았다
지·정·의 영적 존재이다
선악과 사건으로 인간 타락하다
인간은 영원에 대한 본능이 있다
인간은 답을 제시하지 못하며 할 수도 없다
죄 구원 영생의 문제에서 자유로울 수 없다

죄의 정의

선악과를 먹은 불순종으로 죄인이 되었다

죄인이기 때문에 죄를 짓는다

하나님과 끊어져 단절된 상태

죄는 불법이다

근원적인 죄

예수 그리스도를

구원의 주로 믿지 않는 죄

예수 그리스도는

하나님의 숨은 비밀을 나타내셨다

죄 구원 영생은 죽으심과 부활로 이루시다

인간의 상태

육체는 죽음으로 끝나지만 영원한 존재이다

죄는 죽음 후 하나님의 심판과 연결된다

종교나 행위로는 죄를 해결할 수 없다

천국

예수 그리스도를 구원의 주로 믿은 자

죄 사함 받은 자만 들어간다

지옥

예수 그리스도를 구원의 주로 믿지 않은 자

죄 사함 받지 못한 자만 들어간다

근원자 예수 그리스도

태초 전 하나님 속
사랑 빛
사랑의 합창
우주의 태동
하나님 근원은 사랑
사랑 속 생명 창조
시행자
예수 그리스도

그에게서
그를 통하여
그를 위하여
창조된 만물
창조자
예수 그리스도

생명의 근원 사랑
창조의 근원 사랑
창조의 설계자

우주 공간 펴실 때
사랑 원리 주춧돌
우주 공간은 사랑방
운행자
예수 그리스도

메신저 예수 그리스도

영원 전부터 존재하신 하나님
만물을 창조한 창조주
하나님의 뜻 전달하신 메신저
하나님의 뜻을 수행하신 수행자
성육신 세상에 오신 구원 주
인류의 죄를 구속하신 구속 주

절대 신성 절대 인성의 하나님
죄와 사망의 권세 깨트린 절대자
십자가 수난 예언의 성취
비천함에 임하신 종의 모습
죄인을 대신한 십자가 대속 주
구속의 섭리 진행시킨 진행자

인간의 죄 심판하실 심판 주
우리와 함께 계신 하나님
임마누엘
예수 그리스도
우리와 함께하시는 하나님

사랑하는 아들아

회상 1

사방이 막혀 덩그렁 바닥에
혼자 웅크리고 울었다
차라리 그곳에 웅덩이 파여
천 길 낭떠러지에
떨어질 수 있다면 생각했다

세상은 춤추고 세상은 웃는데
왜 나는?
나 허락지 않았는데
이 고난의 방문을 받았나?
나 환영하지 않았는데
방문을 열어젖혔다

난 아직 어린데
난 세상을 모르는데
너무나 일찍
슬픔은 슬픈 악수를 청하다

땅을 밟는 발바닥에

감각은 사라지고
세상의 집들은 거꾸로
솟구쳐 뱅뱅이 돌다
온몸은 떨리고 떨려
맞잡은 손끝에서
차디찬 전율이 나를 침몰시키누나

회상 2

생후 6개월 여린 새싹
나래짓 귀여운 아들
어느 날 그 몸에 경련이 일고
큰 병원에 너의 몸 맡겼는데
다시 내 품에 안긴 넌
그 목이 꺾인 전신마비
척수 검사에서 의료사고 먹구름이 가정을 덮었다

품에 안고 그 병원 나서는 발길에
천근의 족쇄가 채워지고
그 길이 얼마나 무서운지
그 길이 얼마나 슬픔인지
이해하긴 너무 어린 나이

어떤 말로 표현할 수 있을까
어떤 글로 표현할 수 있을까
하루의 해가 뜨고 또 하루의 밤이 지날 때
난 흑암의 깊음에서 빙글빙글이 되다

시간이 세월이 지나도
그 자리에 멈춘 아들아
피지 못하고 시든 꽃이라
눈동자는 흔들리고
온몸은 힘을 잃고
말도 할 수 없는 아들아

세상을 뛰어넘어선
어느 곳에서
그 영혼은 춤을 추는가
세월은 쉼 없고 꺾인 아들은
근근이 호흡만 이어 가누나
하늘 소낙비는 어미의 눈물이 되다

회상 3

죽음의 그림자는 너울춤을 추고
삶의 끝자락에 대롱이 매달려
동물들도 잠드는 온 밤을
하얗게 지새며 사투를 벌이다

우윳병 씹어 지친 2시간이
아들의 하루의 잠 시간
날마다 경기에 괴성 지르고 울다 지쳐 늘어지는 아들
꿈이면 깨면 그만인데
몸은 꺾인 채 자라지 못하누나

옆옆 집 꽃들은
꽃망울 터트리고
귀염둥이 아장아장
비틀이 걸음마들
귀 막고 눈 감고 고개 흔들며 난 울부짖는다
난 나를 용서 못해
난 나를 받아들일 수 없어

눈을 크게 뜨고 현실을 직시해도
손 사이로 미끄러진 물거품 되어
빈손만 덩그러니 현실을 깨우다
아가야 아가야 내 아가야
이 혹한의 찬바람 어찌할까나

회상 4

정지된 삶의 깊은 숨은 좌절이라
내 감각의 소리는 하늘과 땅에 묻고
날마다 아들과 죽음의 곡예 마당에 뒹굴다
그 많은 병원
그 많은 의사
의지할 수 없는 마음
안정이 없구나

전능하시다는
하나님
나 마지막 그분 만나야 한다
바닥에 무릎 꿇어
목숨 걸고 기도 시작하다
나 만나 주시든
나 데려가시든
오늘은 결정해 주세요

넘을 수 없는 현실의 고난과 고통
내 힘으로 감당할 수 없는 한계에

전능하신 주님께 매달리다
하나님
계시나요?
계시나요?
살아 계시면 만나 주세요

하나님 떠나 불순종한 죄의 회개에
내 마음은 통곡의 바다를 이루고
주님의 눈물이
내 눈물이 되었다
어느 순간
주님 손길이
주님 사랑이
날 만나 주셨다

주님은 날 감싸 일으키셨다
아 평안하다
얼마 만의 평안인가
얼마 만의 기쁨인가
주님 만난 내 마음 세상이 달라졌다
내 마음의 평안은

주님의 선물이어라

작은 돌멩이 하나
뺨을 스치는 바람
살랑거리는 나뭇잎
빗줄기들의 속삭임
온 산천의 피조물들
하나님을 찬양하고
주님의 영광을 높이다
이 은혜 선물하신 주님
나 자유 받은 기쁨에 춤추다

회상 5

풀잎 적시는 빗줄기들의
숨소리
맑은 가락은 천상의 하모니
나 삶의 이유
나 살아야 할 이유
주님의 말씀 배우는 즐거움이랴
그 말씀 베일 벗겨 내 영혼 춤추고
영혼 찾아 날마다 거리를 헤매다

주님께 나아가는 한밤 한밤
보이는 세계에 잠식당한 눈
보이지 않는 세계에 눈을 떴다

하늘의 사랑 줄
세상에 내리시어
골고다 언덕
십자가에 동이어
죽음심이 인간들을
죄에서 사하시고

천국 길 올리신 사랑의 줄이랴
받을 수 없는 죄인 감사의 눈물
내 영혼의 웅덩이 넘치다

죄인 부르시는 주님의 음성
죄인 기다리시는 주님의 눈물
마음 눈물 병에 주신 주님
오늘도 그들 영혼 찾아 거리에 나서다

품 떠나는 아들과
마음 저렸던 이별
20년 세상 고통의 삶 마치고
사랑하는 아들 주님 품에 안기다
아들이 보내는
천국의 꽃송이들
눈가루 눈물 되어
내 볼에 흐르고
나 언젠가 돌아가
나 언젠가 만날
사랑하는 아들아
벌러덩 눈밭에 누워 아들 얼굴 그린다

흰 옷 입은 무리

일어나 전파하라

일어나 전파하라
구원받은 자녀들아
어두움에 빛을
그 빛 예수 그리스도
흑암의 그늘에
사망의 울음 우는
영혼들을 건져내라

일어나 전파하라
빛의 자녀들아
생명의 빛을
그 생명 예수 그리스도
구원 나팔 불어라
어두움 울음 우는
영혼들을 건져내라

일어나 전파하라
창조주 명하신다
생명을 위협해도

세상이 요동쳐도
임마누엘 하나님이
우리 함께 하신다
영혼들을 건져내라
생명의 빛 예수 그리스도
영광의 빛 예수 그리스도

깨어나라 교회여

들리는 소리는 불안정하고
세상의 앞날도 불투명하다
주님 오심 예고하는 소리들
약속의 말씀 가까이 들린다

진리의 허리띠를 동이고
믿음의 방패를 들어라
피로 사신 교회여
담대하라 담대히
일어나라 깨어라
예수 그리스도
그분이 생명이시다

교회는 들림 받으리
들려 들려 올라가리
천군 천사들 나팔 소리
공중 혼인 잔치 참여하리

교회여

주님 피로 산 교회여

환난과 핍박과 위협도

그리스도 사랑에서 끊지 못하리

속죄함 받은 감격 뺏지 못하리

카타콤 믿음의 선조들 따라

교회는 무너지지 않으리

잠시 뒤 우리는 승리의 찬양

오직 주님께만 드리리

마라나타

담대하라 그리스도인들이여

주의 피로 사신
그리스도인들이여
담대하라
주님 함께하신다
승리자의 노래를 부르자
그 함성은 천국까지 이어지리

환난이나 핍박이 감당할 수 없도다
고난이나 죽음이 감당할 수 없도다
세상은 우리를 감당할 수 없도다

우리는 세상이 볼 수 없는 것 보았고
우리는 세상이 줄 수 없는 것 받았고
우리는 세상이 갈 수 없는 곳에 간다

골고다 수난의 참혹한 길 오르신
예수 그리스도
땅이 진동한다 바위가 터진다
해가 빛을 잃고 어두움 임한다

차마 주님 모습 볼 수 없어
온 피조 세계는 울음을 터트린다
희롱과 멸시 천대
죽음의 골고다 언덕
주님의 핏값으로
영원한 생명 주셨다
부활의 영광을 안겨 주신
주님 사랑은 고난이셨다

우리는 찬양하네 우리는 감사하네
우리는 기뻐하네 우리는 행복하네
존귀와 영광을
존귀와 찬양을
오직 예수 그리스도께

남은 자의 비밀

아담 타락 인간 죄인
구원 약속 그리스도
인간 패역 단절 위기
소수 의인 남은 자들
대를 잇는 구속 역사

사탄 역사 고난 핍박
대종말의 항구까지
남은 자들 순교의 피
남은 자들 순종의 도
대를 잇는 구속 역사

태초부터 종말까지
신앙 순결 믿음의 발
예수 증거 가진 흔적
남은 자들 순종 믿음
대를 잇는 구속 역사

순교 박해 환난 핍박

사자의 굴 풀무의 불
기름 화형 목 베임 칼
끊지 못할 주님 사랑
대를 잇는 구속 역사

남은 자들 사명의 길
후손 내릴 구속 걸음
종말론적 믿음 결단
나팔 소리 주님 오심
대를 잇는 구속 역사

다시 만나리

사랑하는 이 떠나면
사랑하던 기억 때문에
그래서 이별은 슬프고
그래서 죽음은 슬프다

하지만 믿는 자여
하지만 믿는 자여
우리 소망 있어요
다시 만나잖아요
그곳은
그곳은
주님 보혈로 선물하신
주님 보혈로 선물하신
참 아름다운 천국

다시 이별이 없고
다시 슬픔이 없고
다시 죽음이 없는
천상의 나의 본향

참 아름다운 집
그곳에서 만나리
그곳에서 다시 만나리
일어나세요
웃음 웃어요
그때까지

2000년 세월이여

다시 오마 약속하신
이천년의 세월이여
세상 징조 보이시네
믿는 자녀 모으시네
큰 환난 큰 풍파
예언하신 구주여
우리 그 환난 속에 있어요

다시 오마 약속하신
이천년의 세월이여
주님의 자녀에게
비밀 말씀 하셨네
우리 거할 곳은
이 세상 아니라네
잠시 머물다 갈 나그네 삶이라네

다시 오마 약속하신
이천년의 세월이여
주님 자녀 그 약속

오늘도 기다리네

폭풍 바람 몰아치고

지쳐서 흐느껴도

그 눈물 잠재우신

소망의 말씀 있네

잠시 잠깐 지나면

사랑하는 주님 뵐 때

오 주님

보혈의 사랑 감격의 울음이여

섭리에 순종

어두움 터지는
붉은 태양
보물 창고 열어젖혀
밤 흑암에 기지개 켜
새벽 옷 입고 웃음 진다

구름은
눈 비 이부자리
빗줄기는
생명들의 속삭임
우주는 섭리에 순종
돌고 돌아 질서 지킨다

하나님
속성은 사랑
그 마음 자락 펼치신
천지 창조
자연의
대 오케스트라

하모니

주님께 영광 올린다

카타콤

지하 동굴 굽이친 길목마다
주님 핏빛이 떨어진 자국
어둑한 모서리 모서리에
허기진 몸 타들어 가는 세포
눈빛은
살아서 주님 영광 본다

붉은 노을 반짝이는 별빛
꿈꾸는 한밤의 노래
접어 둔 인생 페이지
불빛 없는 동굴의 삶
마음은
주님께 사랑 편지 띄운다

외줄에 매달려 생명 잇고
세상의 삶 희망의 날개 접은
동굴 무덤이 삶의 터전
한 줌 빵 물 한 모금이
생명선
영혼은 천국 길 여행한다

너의 생명주인 하나님

세상 만난 지 석 달에
엄마 품 떠나는 아가야
아기
담을 갈대 상자
눈물에 얼룩져
주저앉은 마음
몇 번이나
품에 안고 울었을까
차마 덮지 못한 갈대 상자
해맑은
아기 얼굴 부비며
마지막 작별
아가야 너의 생명주인 하나님

하나님께 드려진 갈대 상자
강물에 띄워
어미 마음도 흘러흘러
무릎 꿇은 영혼의 기도
신음의 간구 눈물의 비

아가야 너의 생명주인 하나님

출렁이는 강물에
흘러가는 갈대 상자
예비한 손길에 건져진 생명
다시 만난 아기
젖 물려 품에 안은
이 감격의 외침
아가야 너의 생명주인 하나님

땅끝에서 뵈오리

나가자 복음 들고
빛의 자녀들아
흑암의 사망의
죽음의 자리에서
울부짖는 저들에게
구원 소식 전하자

다시 오실 주님
사랑 편지 들고서
손잡고 그들에게
주님 사랑 전할 때
그들 영혼 춤추리
죄 짐 벗은 춤 추리

그곳은 주님의
피 뿌린 자리여라
오 우리 그곳에
부름받은 주님 백성
오 우리 그곳에

사명받은 주님 자녀
땅끝에서 뵈오리
주님을 뵈오리

기뻐하고 기뻐하라

기뻐하고 기뻐하라
하나님의 후사들
천사들도 흠모하는
영광의 자리
속죄함 받은 기쁨
무엇과 바꾸리

기뻐하고 기뻐하라
자유 받은 자녀들
임마누엘 하나님
나와 함께하신다
속죄함 받은 기쁨
무엇과 바꾸리

기뻐하고 기뻐하라
구원받은 자녀들
지옥에서 건짐 받은
천국의 함성
영광 나라 나팔소리
들어갈 본향

어두움 속의 슬픔

비상벨

세상 자락 끝자락
검은 물체 보따리 풀다
그 공포 나라마다
비상벨을 누른다
선진국 후진국
자신들 자리를 잃었다
죄악 넘쳐흘러 흐른다
굽이쳐 소리쳐 흐른다
세상 바다에 죄악이 모인다
힘을 이루어 폭풍 태풍이 되다

죄 악 관영한 땅 꿰뚫어 보시다
예수 그리스도
숨어 숨긴 죄
다 발가벗겨지고
세상은 검은 이빨 우두둑 갈아 댄다
죄 줄에 줄줄이 끌려
소망 없는 발걸음들
눈동자 풀려 하늘을 본다

인간들 한계 인간들 죄악
공포가 되어 세상을 덮치다
세상 자락 끝자락
초침의
비상벨 소리
째깍째깍 전 세계에 울리다

동굴 속 맴돌이

인생
동굴 속 맴돌이들
길을 잃었다
어두움
모여 모여
돌아 돈다
눈 뜨고 귀 열어도
길을 잃었다
천 길 낭떠러지
깊이 얼마냐
돌고 돌아
그 자리
돌고 돌아
다시 그 자리

인생 동굴 속
맴돌이들
길 잃은 인생
그 길은

빛 생명
예수님이요

참 바보 인생

내 움킨 것 많으면
내 목 꼿꼿해
내 가슴 당당하면
내 눈 귀 막혀
내 삶 무지갯빛
내 인생 내 주인
주님 음성 들리지 않습니다

내 눈물 흘러
내 무릎 꿇어
내 마음 꺾여
내 소리 힘 잃어
내 인생 무너져
내 귀에 들릴 때
주님 음성 들려집니다

참 바보 인생
참 죄인 인생
참 교만 인생

참 미련 인생
꺾어진 다음에
꺾어진 다음에
그 진리 믿으니
그 주님 믿으니
참 바보 인생 참 미련한 인생

기억하시오

돌풍 태풍 천둥소리
나그네 인생
벗님들 한 발걸음
조심하구려
인생
나
주인 아니지 않소?
하루하루
귀중한 삶 겸손하세나

보이는 게 전부인 양
떠들지 마소
보다 더 귀중한 것
알지 못하면
나그네 발길
헛발길
해 서산 뉘엿뉘엿
등허리 꺾여
눈 감길

그날을 기억하시오
하나님을 기억하시오

지금과 그때의 중간

지금 소꿉놀이터 세상은
거울 속 각시들의 춤
안개구름 휘장 감아
덩 덕 쿵 신명들 난다
장구 소리 북소리
춤사위 꾼들의 놀이 장
탈 가면 속이는 자들
휘멀건 웃음 웃는다

그때 소꿉놀이터 세상은
거울 너머 완전함의 환희
안개구름 걷힌 휘장
온몸 휘감아
소망을 품은 자의 환희
소망을 얻은 자의 기쁨
탈 가면 벗은 자
자유함의 웃음 웃는다

지금에서 그때를 향한

거울 세상에서

거울 너머 세상으로

나

중간 지점 걸터앉았다

나 거울 너머 세상

완전함의 자유 얻었지만

그대 거울 너머 세상은 어드메요?

인간의 악 참 무섭다

화마의 불길 속
살려 달라 아우성
부르짖는 애태움
울부짖음 발 동동
안타까운 전쟁터
운명 바뀔 긴박함
뛰어드는 생명 발
갚지 못할 은혜라

영원 불길 지옥 고통
외면하지 못한 사랑
종의 형체 사람의 몸
영혼 불길 뛰어드신
십자가 길 골고다 길
예수 사랑 보혈의 피
죄인 사랑 천국 백성
갚지 못할 은혜여라

육신 건짐 감사 알고

영혼 건짐 대적일까
인간의 죄 참 무섭다
인간의 악 참 무섭다
오고 오는 세대마다
그 군상들 얼굴 바꿔
창조부터 지금까지
사탄 추종 대적자들

인생들아, 무엇이 중한가?

천하를 호령하는
봇짐 진 나그네들
산천을 휘젓고 하늘을 삿대질한다
짚신 벗어지고 봇짐 내려
어드메 머물 터이오
삶의 자락 끝 매달려
어드메 갈 터이오
속이고 속는 짚신 인생
풀어헤친 봇짐 속
죄 오물들 벗어야지 않겠소?

인생들아 무엇이 중한가?
세상살이 무엇이 중한가?
끝자락 무엇이 남을 건가
인생의 삶 시간이 없소
부디부디 지혜 좀 갖소
부디부디 말씀 좀 듣소
짚신 벗기 전
죄의 짐 맡기시오

죽으심이 열어 놓은 아버지 집
천국 집 들어가시오
세상살이 제일 중함이오다

어디서 왔나

나 거룩함
어디서 왔나
그 보혈로 인치신 선물이라
나 의로움
어디서 왔나
그 보혈로 사신 선물이라

나 완전함
어디서 왔나
그 보혈로 덮으신 선물이라
나 구별됨
어디서 왔나
그 보혈 사랑의 선물이라

나 죄 사함
어디서 왔나
그 보혈 고통의 선물이라
나 천국 길
어디서 왔나

그 보혈 은혜의 선물이라

내 행위
내 자아는
할 수 없는
나의 나
그 보혈로 인치신 주님의 선물이라

꿈이 있소?

꿈이 있소?
꿈이 있소이다
나 날마다 꾸는 꿈이 있소
별 숲
넘어 넘어
어디에
꼭꼭
숨은 한 비밀한
그곳에
갈
비밀
열쇠 받은 자 꿈이 있소

꿈이 있소?
꿈이 있소이다
나 날마다 꾸는 꿈이 있소
움킨 주먹
힘 잃은
내 영혼에

돌아오라 호령 소리

나 돌아갈

본향

초대장 받은 자 꿈이 있소

이길 수 있는 힘

답이 없는 삶의 자락
동공 풀어져
넋 잃어 주저앉은
구멍 난 마음자리
늑대들의 울음소리 고막을 찢는다

목말라 생수에 허덕일 때
조용히 부르시는 음성
나는 널 사랑한단다
느껴봄 없는 따스함
난 눈을 떠
그 음성 주인 만났다
예수 그리스도

변한 것 없지만 나 살아났다
그분의 사랑으로 나 일어났다
나 보이지 않는 것 보았고
나 세상 너머 세상 보았다
그 고난 그 고통 그 시간

이길 수 있는 힘

남이 볼 수 없는 진리 보았고

남이 믿지 못한 것 믿기 때문이다

나의 이름

불순종 나의 이름
그 이름 죄의 이름
천국 갈 수 없는
나의 이름 불순종
나를 찾아오신 주님 나는 알지 못할 때에
죽음으로 죄 사하고
부활하사 영생의 길
그 피로 사신 이름
생명책에 적으셨다

오 주의 사랑
오 주의 은혜
어떤 말로 표현할까
어떤 행위 대신할까
아무것도 아무것도 주님 사랑 대신 못해
벅찬 은혜 눈물로만
벅찬 감사 눈물로만
천국 길 열어 주신 아버지께 올립니다

소망의 노래

은혜 흐르면

갈라진 논바닥 물 고이면
흙이 부드러워 옥토 되듯이
사람마다 가정마다 막힌 가슴마다
은혜 흐르면
이산가족 상봉하듯 서로 부둥켜안고
내가 먼저 잘못했다 고백하는
참으로 신기한 능력

한밤 지새우며 살길 막막해
한숨짓는
뜨거운 가슴 열기 속에도
은혜 흐르면
세상 걱정 다 접어 두고 깊은 밤
잠 속으로 여행하게 만드는
참으로 희한한 능력

교만한 목 꼿꼿이 세워
눈 아래 사람 저울질하며
세상 더 높은 곳 없어 올라가지

못할 것 같은 오만함 속에도
은혜 흐르면
눈물 콧물 범벅되어 내가 죄인이다
무릎 꿇게 만드는
참으로 무서운 채찍질

무덤덤 지나는 골목 어귀
피어난 작은 들꽃에도
은혜 흐르면
눈길 멈추고
푸른 하늘 두 손 모아
아 참 아름답다
감탄케 하는 풍요
메마른 마음에
사뿐히 내리면
감성이 살아나서 시인이 되어라
하나님 은혜 자리 초청하고 싶어라

사막에서 피어난 1

사막에서 피어난
아름다운 꽃이어라
황량한 벌판
목마른 땅에서
견디어 견디어 피어난 꽃이랴

하얀 자태 붉은 자태
뜨거운 태양 아래
그 몸 드리운 아름다움아

그곳에 생명 줄기
이어 이어지고
그곳에 씨앗 열매 맺어
대를 이어 뻗어나갈
그대 꽃들의 향연이여

아 우리 예수님
자녀들 품은 사랑
그 꽃 속에 담아

오늘도 내일도 이어질
창조의 아름다움아
그분이 다시 오실
소망을 노래합니다

사막에서 피어난 2

척박한 땅 이겨낸
너의 슬기여
하나님 돌보심
풍성한 아름다움아
외로운 모래에 생명 꽃 피어
주님을 찬양하는
기품 있는 자태여
꽃들의 찬양 주님의 기쁨이어라

성도여 일어나라
사막의 꽃들이여
폭풍 모래바람에 지친
울음의 꽃들이여
고독한 나그네 삶
모래성 쌓여도
그곳에 꽃이 피리 예수님의 꽃
잠시 잠깐 쉬어 가는
사막의 성아
고대하리
안식의 성 꽃 피는 천국

너무 아름다움이 슬프다

우주의 율동들
너무 아름다움이 슬프다
천체의 지휘자
예수 그리스도
긍휼 위로 담뿍 담아
선물하시네
빨주노초파남보
대합창
우주 공간 자락은
아버지 품속

호수의 파란 눈동자는
슬픔의 눈물 담고
폭포 줄기줄기
주님 눈물 떨어진다
창조하신 만물들은
그 은혜 찬양하고
받은 대로 그 자리에
주님께 순종하고

슬프다

주님 믿지 않는 미련이여

천국까지 이어질

아버지 사랑이여

이 천지에 주님 계시네

소망 입은 자 노래

어두운 이 세상
목적 없는 발길들
끊어진 천국 길 방황하는 나그네
보이는 이 세상
끝없는 욕망의 길
인생 고통에 풀어헤친 울음이여
길 잃어 헤매는
어둠 자락에
빛으로 찾아오신 거룩의 옷자락
그분 사랑에
엎드린 나의 마음
오 주님 삶의 이유 소망을 주신 주

완전한 자유
이 놀라운 은혜
내 눈을 떠 소망의 나라 보았다
오 주님 그 사랑
십자가에 쏟은 피
값으로 사신 사랑 놀라운 은혜여라

잠시 머물 세상
환란 풍파 밀려와도
그 소망 소유한 자 무너지지 않으리
이 은혜 이 사랑
십자가 주님 고난
긍휼의 값이어라 천국도성 길 여셨다

영광 영광

영광 영광 영광 만왕의 왕 나의 주님
찬양 찬양 찬양 만왕의 왕 나의 주님
천상의 보좌에 앉으신
주님의 모습
죄 담당한 거룩함이어라
육신 장막 훌훌 벗고
그 나라 참여하는 자
오 이 은혜, 오 이 은혜, 주님께 영광
오 할렐루야, 오 할렐루야, 주님께 영광

영광 영광 영광 만왕의 왕 나의 주님
찬양 찬양 찬양 만왕의 왕 나의 주님
보혈로 죄 사함 받은
흰옷 입은 무리들
엎드려 감사드립니다
잔치 자리 초대받아
그 나라 참여하는 자
오 이 은혜, 오 이 은혜, 주님께 영광
오 할렐루야, 오 할렐루야, 주님께 영광

영광 영광 영광 만왕의 왕 나의 주님
찬양 찬양 찬양 만왕의 왕 나의 주님
보혈로 이마에 인치신
주님의 백성
감격의 눈물 흘립니다
세상 소풍 다 마치고
그 나라 참여하는 자
오 이 은혜, 오 이 은혜, 주님께 영광
오 할렐루야, 오 할렐루야, 주님께 영광

언제 오시나

하늘
길
여시고
구름 타고 오르신
다시
오마
약속하신
세월 이천년
많은
성도
간절함
언제 오시나

약속
말씀
담은
기다림 이천년
하늘
길

여시고

구름 타고 내리실

우리 주님

뵈올

날

가슴 졸인다

마라나타

이 가을에

이리도 고운 단풍
저리도 고운 단풍
그 자태에 매료되어
넋이 나가누나
한 가지 색 지겨울까
울긋불긋 천연색
고운 색동 치마저고리
숲속에서 춤을 춘다

단풍 길 거닐며
천국 나라 생각한다
얼마나 고운 물감
천국 나라 펼쳤을까
잠시 머물 세상도
이리도 고운데
영원히 머물 천국
얼마나 고우리

주워든 단풍잎에

내 눈물 떨어져
고개 들어 구름 머문
하늘을 쳐다본다
그 너머 나의 본향
예술가 내 아버지
자녀들 품은 사랑
환한 미소 짓는다

고웁던 단풍잎

고웁던
단풍잎
가을비에 오솔솔 떨고
바람 자락이
떨구는 잎새
그 모습이 애처롭다
고운 분단장
색동옷 엊그제인데
친구 따라
머리 숙이어
축축한 땅에 뒹굴린다

인생들아
그 길이 우리네 아닌가?
고웁던 얼굴에
거미줄 긋고
친구 따라
머리 숙이어 땅에 내릴 때
그대 그대들

어드메 갈 것이오?

단풍은

낙엽 되어 거름 되지만

인생은

사후 세계 문이 열리오

아바 아버지 사랑

아바
아버지 사랑
창공 젖혀
세상에 펼치셨다
무지개 색
하늘 보석 박으셨네
밤 별빛
사랑에 취했다
그 너머
나 언젠가
들어갈 하늘 궁전
내 영혼
귀중하다 말씀하신다

하늘 편지

먹구름 사이사이
휘모리 바람 타고
펑 펑 펑
눈꽃 썰매
하늘에서 내려온다
외로울 땐
고개 젖혀
아득한 밤 별 보며
서로서로
속삭이듯
서로 머리 기대인다
하늘이 고향이라
나 가고 싶은 곳
나 삶의 날
손가락 접어
하늘 편지 띄운다

오이와 참외

오이 모종을 심어
참외 모종이라 믿었다
참외는 떡잎 3장 때
순을 잘라라
의심 없이 사정없이
댕강 댕강
가녀린 순 줄기
무참히 처형당하다
잘한 일은 장한 일
기다려도
이 어찌 된 일?
성장 멈춘 떡잎 3장에
웬 오이 꽃?
새끼손가락 닮은 오이
빼꼼히 고개를 내밀다
아 아 이런 일이
오이를 참외라
잘못된 나의 믿음이
너의 생명을 앗았구나

오이는 오이
참외는 참외
만드신 법칙
순종이 축복이다

오디를 따며

밤사이
붉은 얼굴
검은 화장 하고
부끄러운
고갯짓
신랑 만날
신부의 기다림인가
열매 딴
손
핏빛이 물들다

신부 위한
신랑의 목숨 낸
사랑
피 쏟은 십자가
핏빛이 물들다

까치발

까치발 폴짝이며
군침 흘려
엄마 손길 따라
뱅뱅이 눈동자 굴린다
웃음진 엄마
자식 입에 볼 빵빵
뱅뱅이 뱅글뱅글
엄지 척
울 엄마 솜씨 최고야

먹거리에 물감 풀어
빨 주 노 초 파 남 보
먹거리에 맛감 풀어
신맛 쓴맛 달콤함
아 황홀한 맛이여
엄지 척
울 아바 아빠 솜씨 최고야

아 불쌍한 세대여

거짓의 손놀림

그대들 들리지 않나요?
조여 오는 발자국들
그대들 들리지 않나요?
저 함성 소리들
하늘은 천둥 치네요
땅은 진동하네요
귀를 열어 들어보세요
신음 소리 들리지 않나요?
눈을 열어 바라보세요
먹구름이 몰려오네요
딛고 선 땅의 절규
피조 세계의 울부짖음
창조 질서 파괴자 검은 손들의 합창
웃음의 독 머금은 가면 쓴 평화 놀이 장
진리를 무너뜨리는 음모자들의 속삭임
그리스도 없는 깃발 아래 모여드는
거짓 평화의 군상들
가증함에 취해 높이 든 금 술잔
화려한 옷 속에 감춰진

허울 좋은 종교 지도자들
진리를 대적하는 바벨탑을 쌓아
그리스도를 배반하는
가면 쓴 사탄 하수인들
그리스도 없는 진리 웬 말이요
그리스도 없는 구원 웬 말이요
그리스도 없는 평화 웬 말이요
그리스도 없는 사랑 웬 말이요
그리스도 배반하는 사탄 하수인들

경고장

소돔 성 한밤중 심판의 천사들
그들은 소돔 고모라 성 타락에
하나님 경고장 전하는 발걸음들이다
동성 간 성의 쾌락에 잠식당한 도성
고함치는 소리는 소돔 성 멸망을 재촉하다
죄악의 현란한 깃발 아래 모여
벌거벗은 몸뚱이 환히 드러내고
쾌락의 노래 부르는 환호는
소돔과 고모라 성에 심판을 재촉하다
하늘이 열리고 비같이 쏟아 부어진
유황 불 소돔과 고모라 성이여
죄악을 묵과하지 못하시는 그분의 공의
온 성에 화산 폭발을 터트리시다

대를 이어 이어진다 죄악의 줄기들
칡넝쿨처럼 휘감아 감아 돌고 돌아 돈다
죄악의 뿌리들 견고한 성을 쌓고
땅속 깊이 휘감겨 얽히고설키다
처음이 어디멘가 그 아름다움의 정원

향기의 동산에 뻗어진 사탄의 속삭임
현란한 언어 마술에 감긴 처음의 장소에서
흘러흘러 온 세상 죄악 바다 만들어 넘실댄다
줄기 뻗어뻗어 끝날까지 이어져
불구덩이 지옥 떨어질 이 죄악의 도성들
현란한 몸짓으로 잉태하다
죽음의 울부짖음을 잉태하다

너 강탈자여
- 루시퍼여

너 하늘의 하늘 위 뭇 별들 위
존귀로 관 씌운 아름다움아
네 아름다움과 지혜가 너를 교만케 하였구나
네 광채의 아름다움이 네 지혜를 부패시켰구나
더 높은 곳은 하나님 보좌밖에 없었다
네 교만은 그 자리 탐내어 하나님
영광에 도전하는 죄악을 범하였구나
찬탈자여 강탈자여 뭇 별 위 아름다움이여
네 교만에 네 목 꺾이우고
네 영광은 땅에 곤두박질치었구나
네 교만은 잠재우지 못한 악
네 완악함은 하나님 대적자
에덴동산의 침입자
아담 하와를 미혹해
인간들을 하나님 대적자 만들었구나
하나님과 단절된 울음을 울게 만들었구나
인간들의 자유를 박탈하고
종으로 끌리어 다니게 하다

어둠의 깊음에 자유 잃은
슬픔의 노래만 부르게 만들었구나
하나님 창조질서를 파괴시키고 현란한
위장술로 네 왕국을 세상에 펼치었구나
네 머리는 상하였고 겨우 숨만 쉬는 자여
네 영광은
예수 그리스도 십자가 죽으심으로 끝났다
최후에 들어갈 네 처소는 불타는
지옥인 것 알고 있는 자여
그 시간까지 대적자들 부하 삼아
영적인 전쟁은 이어 가리
네 비참한 최후는 주님 재림으로 끝난다
너와 너를 따르는 하나님의 대적자들
영원한 처소 지옥에서 슬피 울며 고통하리
하늘의 하나님이 비웃으시리

겸손하세

빈 수레 소리는 덜커덩
빈 깡통 소리는 딸랑이
겁먹은 개 꼬리 내려 으르렁
무식함은 소리 질러 삿대질

세상에 기이한 일 많지만
과학을 말씀보다 신봉하고
우연히 되어진 것 있다 하네
자연히 생겨진 것 있다 하네
한계의 인간들 지식은
빈 수레 빈 깡통일세

창조하신 분 선포하셨다 내가 천지를 창조했다
만드신 분 선포하셨다 내가 인간을 만들었다

그분의 이름은
하나님
그분의 이름은
여호와

그분은 삼위일체 하나님

교만은
패망의 앞잡이
교만은
미련의 앞잡이
교만은
하나님 대적자
교만은
지옥의 길잡이

미련은 절구방아 찧고
어리석음 머리 숙여
조금만
겸손하면 어떨까
조금만
겸손하면 보이네
인간의 교만
무릎 꿇어
주님의 말씀에 순종하세
주님을 마음에 영접하세

아 불쌍한 세대여

불의로 진리를 막는 세대여
하나님 능력과 신성을 부인하는 세대여
마음이 허망하여 감사치 못하는 세대여
마음이 미련해 어두워진 세대여
스스로 지혜자라 믿는 세대여
하나님의 영광을 우상으로 바꾸는 세대여
정욕대로 몸을 더러움에 내놓는 세대여
하나님의 진리를 거짓과 바꾸는 세대여
피조물을 조물주보다 더 경배하는 세대여
회개치 않는 멸망 받을 세대여
교만과 순종치 않는 책망받을 세대여
하나님 대적하는 패역한 세대여
자신이 하나님 자리 앉는 세대여
마음에 하나님 인정하기 싫어하는 세대여
하나님의 창조 질서를 파괴하는 악한 세대여
아 불쌍한 세대여

하나님 눈물

- 노아 홍수

악한 생각
악한 계획
죄의 잔치에 춤추고
인간 창조를
심히 슬퍼하신 하나님
깊은 고뇌 하나님
슬픈 계획 명령한다
인간과 땅의 창조물들을 쓸어버린다

오직 한 사람 의로운
노아의 경건함이여
은혜의 빛줄기 닿았다
너 위한 방주 지어라
비밀 설계 넘기셨다
뚝딱뚝딱 배 짓는 고독의 소리
조롱과 비난 속 처절한 싸움
아버지만 바라본
순종의 거룩함이여

의인의 대를 잇는
구원 역사의 걸음이여
노아 8식구와 동물들의 짝
방주 들어가라
방주 문 닫으시다

기다림의 긴긴 120년 동안
돌아오라는 말씀 농담으로 여기고
패역한 세대 방탕의 자식들이여
그 죄악 하늘에 들리고
숨어 숨긴 죄 땅이 토했다
큰 깊음의 바다 속 터지고
하늘의 창들 열리던 40일
하나님 진노의 비 하늘과 땅이 터졌다
살려달라는 절규와 아우성
뱃전을 두드린 그 모습들
물속에 잠기고
아버지 눈물 땅을 덮고 생물들 숨을 멈추다
심히 아름답다 감탄하신
창조의 작품 다 찢으시고
통곡하신 아버지
그 비는 하나님 눈물이었다

고난 앞에

고난은 고통이라 낙심치 마세요
고난은 눈물이라 슬퍼치 마세요
고난은 절망이라 좌절치 마세요
고난은 끝 날이라 단념치 마세요

고난이 내면을 보게 해 줘요
고난이 거짓을 보게 해 줘요
고난이 교만을 보게 해 줘요
고난이 인생을 보게 해 줘요

고난은 인생의 선생이 돼요
고난은 목적지 알게 해 줘요
고난은 영혼을 예민케 해요
고난은 주님을 만나게 해요

고난의 소망이신 주님을 만나요
사랑의 긍휼이신 주님을 만나요
축복의 근본이신 주님을 만나요
천국의 주인이신 주님을 만나요

지금이 기회입니다

세상을 창조하신
만왕의 왕
주 하나님 심판의 왕
인간들의 죄를 심판하시다
그 위엄 앞에 머리 숙인 대적자들
줄줄이 엮이어 나오고
그 공포에 질린 모습
누가 이 사람들을 변호할까
그 많은 기회
그 많은 은혜
그 많은 기다림
다 배반하고
죄인 된 모습으로 마지막 심판을 기다리다

어떻게 그 심판을
피할 수 있을까?
어떻게 그 심판을
거역할 수 있을까?
한 인생 살아온

안타까운 하소연

허공에 새겨진 저들의 탄식 소리여

육체의 정욕

안목의 정욕

이생의 자랑

인생 최대의 목표 최고의 자랑이었다

인간의 전 생애가

벌거벗겨 드러난다

죗값 받을 불타는 지옥

영원의 처소에서

울부짖는 자들의 괴성이 고막을 찢는다

육체의 죽음이

끝이 아니었구나,

사후세계 있다는 걸 미친 소리라 경멸했던

나의 교만이 나의 어리석음이

하나님을 거역했다

주님 한 번만 기회가 없나요?

주님 한 번만 용서할 수 없나요?

내 육체 살아 있을 때

왜 나는 하나님을 거역하였나

왜 예수님을 믿지 않았나

후회하지 마세요

지금이 기회입니다

정해진 길

한번 죽음 정해진
길
그 후는 심판이 있다
죽으면 끝이다
자신만만 그들도
죽음 앞엔
천국 가길 소원한다
하나님 정하신
공의의 법
죄 사함 받은 자만 천국 간다
평생 지은
나의 죄
하나님 말씀 거역함이다

절망의 세상에
인간 되신 하나님
보혈로 열어 놓으신
천국 길
오직 예수 그리스도

믿는 믿음뿐이다
인간은 죄 짓는 존재
죄 사함은 주님의 권한
오직 예수 그리스도
길과 진리 생명이다
세상 법 범죄자
세상 감옥 가고
하나님 법 범죄자
지옥 감옥 간다
마지막 인생길 심판의 인생길

신호탄을 터트리다

혼돈과 공허와 흑암이
깊음 위에 머물러 있는 수면
조용히 물 위를 거니시는
창조주의 위엄
그곳은 깨어나지 않는 어둠의 장막이 드리워진 곳
그곳에 큰 함성의 장엄함이 신호탄을 터트리다
말씀의 선포에 천지가 꿈틀대며 곡예를 하다
총천연색 대합주
에덴의 영광이여
흙 한 줌이 빚으신
하나님 형상 아담 하와여
만족하신 창조주의 영광
에덴의 영광은 하나님의 영광이다

영광의 찬탈자 사탄
교만의 머리 쳐들고
에덴 하나님 영광에 침입하다
속임수에 말려든
어리석음의 아담과 하와

영광의 이름표 떼고
죄인의 이름표 달다
영광을 박탈당한 저들의 발에 사망의 족쇄가 채워지다
끊어진 하늘의 영광이여
어두운 사망의 울음이여

절절한 자녀 사랑이
세상 속에 내리시다
끌리는 대로 끌리고
때리는 대로 맞고
희롱 멸시 천대 만신창이 그 눈빛 호소하시다
아버지 저들도 자녀입니다
채찍 맞아 난자당한 몸
타들어 가는 목마름
끊어진 하늘의 길 되신
예수 그리스도
어두움에 생명의 불꽃 피조 세계도 숨을 멈추다

다 이루었다
그 함성 승리자의 선포이다
사단의 진 파괴한
지옥 동굴 호령하신 선포이다
다시 찾은 영원의 기쁨

자유 받은 자들의 환희이다
생명 얻은 자들의 노래
천국까지 이어질 영원한 찬양이다
아버지 품에 안긴 자녀들
그제야 생명의 울음을 운다
자녀 찾은 아버지
그제야 기쁨의 울음을 운다

삶의 자리

비밀

예수 안에 숨겨진 비밀
모두에게 허락지 않는 비밀
세상과는 반대되는 비밀
세상과 조화되지 않는 비밀
궁핍 앞에 풍요의 비밀
고난 앞에 인내의 비밀
속박 앞에 자유의 비밀
슬픔 앞에 기쁨의 비밀
죽음 앞에 영생의 비밀

잉태

욕심은 죄를 잉태하고
죄는 사망을 잉태한다
두려움은 불안을 잉태하고
좌절은 낙심을 잉태한다
슬픔은 눈물을 잉태하고
기쁨은 웃음을 잉태한다
신뢰는 믿음을 잉태하고
믿음은 영생을 잉태한다

닮음

목이 곧아 고고한
사슴이여
그 눈망울은 슬픔을
가득 담고
그 자태는
겸손의
주님을 닮았구나

목이 곧아 교만한
인간이여
그 눈망울은 탐심을
가득 담고
그 자태는
거짓의
아비를 닮았구나

보혈의 피로 치료하소서

가슴 저미는 이웃의 안타까움
어찌할 바 몰라 무릎 꿇습니다
주여
보혈의 피로
덮어 주소서
열네 살 꽃봉오리
꿈 많은 해맑음
병들어 신음합니다
무너진 가정
눈 뜨면 전쟁터
한계에 기력 잃어
하루 무게
참담합니다
주여
보혈의 피로
치료하소서

이역 땅 젊음아

붉은 장삼 도포 걸친
이역 땅 젊음아
내 눈동자 마주친
젊은이의 그 눈빛
살려 달라 호소하는
외마디 비명 소리
마주친 그 눈빛
잊지 못할 기억이다

숨 끊긴 영혼의
슬픈 눈동자는
주님 보혈 끊어진
절망의 눈빛이다
주님 보혈 끊어진
내 이웃의 슬픔이다

내 삶의 자리

아버지 그 사랑 모를 때
세상 수렁에 발목 잡혀
아버지 떠난 삶이 인생이라 생각했다
깜깜한 바다
검푸른 파도에
내 계획 내 인생 휩쓸려
사방이 막히고
컴컴함이
내 삶의 장막을 덮었다

아버지 인생의 길 잃어
주저앉아 신음할 때
인생의 무게에
후회의 눈물 흘렸다
내 앞에 막막함 덮이고
밤을 하얗게 지새우고
먼동 틀 때 숨을 쉰다

아버지 돌아온 탕자

참회의 눈물
용서의 고백
삶의 나락 끝에서
만나 주신 여호와여
여호와는 나를 안아
지금까지 이르시네

귀한 보배들

마음마음
빗장 문 활짝 열어요
성령님
마음껏 다니시게요
혼자
웅크리고 슬퍼 마세요
성령님
눈물 흘리시어요
내민 손
부끄러워 후회 마세요
그 손
주님이 잡아주세요
서로 가슴 맞대
웃음 웃어요
검은 구름이 걷혀요
동반자
나의 가족
주님의 선물
사랑 공동체 귀한 보배들

나 행복한 노년

동트면
앞치마
3층 집 돌고 내려
빵빵이 살림살이 하루가 진다
밥상머리 온 가족
먹는 모습 행복하다
영양분 온몸 돌아
건강한 삶 활기차게
들락날락
쿵쾅쿵쾅
손자 손녀 재잘거림
조용할
날 없어도
사람 소리 즐겁다
어린 손녀
입맞춤
사춘기 손자 포옹
큰 나무로 자라
기둥 되어라
하나님 나라

왜요?

할머니 천국은 어디에 있어요?

지금은 볼 수가 없단다

왜요?

살아 있잖아 죽으면 가는 곳이야

죽음이 무엇인데요?

몸과 영혼이 헤어지는 것

몸은 흙으로 돌아가고

영혼은 하나님께 돌아간단다

왜요?

음, 사람이 죄를 지어 죽음이 온 것이야

하나님은 죄의 값을 심판하신단다

죄 없는 사람은 한 사람도 없지

왜요?

하나님의 말씀을 다 지키지 못하거든

그래서 사람은 다 죄인이란다

그럼 어떡해요?

음, 천국 길을 활짝 열어 놓으셨단다

누가요?

예수님이 피를 다 쏟으시고 돌아가셨다

예수님 피로 사람의 죗값을 다 지불하셨다

그래서 예수님을 믿으면 죄를 사함 받는 것이야

왜요?

사람을 너무너무 사랑해서 대신 죽으신 거야

그래서 예수님 믿으면 천국 집을 간단다

천국은 죄가 없는 사람들의 집

지옥은 죄가 있는 사람들의 집

하나님은 말씀의 편지에 약속하셨다

주님의 손길

구름은
물들의 보따리
물들을 안은 엄마 품

땅은
허공에 매달려
동트는 햇살 저녁노을
숨바꼭질

하늘
기둥들
그분의 음성에
떨며 움츠리네

권능의 손
바다를 나누시고
자연을 품으시다

땅의 기초

땅의
기초는
전능자의 손에 붙들리고
땅은
바다를 토해
모래로 성벽을 쌓고
그분의
섬세함은
물에 구름 옷 너울 씌워
그분의
자상함은
짙은 어둠의 포대기로 업으셨다

포효 소리
교만의 풍랑
한계선 넘지 못하고
그분 명령 순종해 창조주께 영광 돌린다

사랑하는 아들아

어젯밤 꿈에도
널 업고 널 안고
얼굴 부비어
눈맞춤한
사랑하는 아들아
떠날 때
모습
아기의 모습
꿈 깬 자리
덩그런
그리움만 남았다

아직도
너의 숨결은
내 마음의 그리움
떠나던 날
바람이 실어 간
너의 모습
보자기에

꽁꽁이 싸여
내 눈물이 되었다

다 못한 어미 사랑
널 다시 만날
천국
눈 감아 그려 본다
사랑하는 아들아

도레미 대합창

도레미파솔라시도 빨주노초파남보 대합창

큰 음성이 명령합니다
천지야 창조되어라,
빛이 있으라
어두움은 얼굴을 가린 채 꽁무니를 빼고 달아나네요
해는 아빠 웃음
달은 엄마 미소
별들은 아기 눈빛
하늘 가족이 태어났어요
고함을 치네요
땅의 생명들 만나고 싶어요

땅은 큰 하품을 하며 거대한 몸으로 우뚝 위용을 자랑하고
바다는 큰 울음소리로 흔들 춤을 추네요
땅의 생명들은 고개를 내밀고
자신들 자랑에 신명들 났네요
모두들 신기한가 봐요, 서로서로 자신들이
먼저 사자가 큰 갈고리 머리채를 흔들며
울림 있는 호령을 하네요, 크으응 흐응 흥
강물 속에 하마는 큰 입 벌려

나는 왕이다, 하모니를 넣고요

코끼리 코는 아코디언

곡예의 멋진 박자 춤을 추네요

세로줄 호랑이 여유 있는 걸음으로 산천을 호령하고

놀란 토끼 폴짝 뛰어 이리저리 붉은 눈알 굴려 도망가고

어슬렁 어슬렁 여유 있는 곰

앞발 높이 들고 귀여운 춤 추고

원숭이 나뭇가지 움켜쥐고 흔들 그네에

끽끽 긴 꼬리 감추네요

공중의 독수리 큰 날갯짓 휘이익 휘이익 위엄의 춤사위

화가 고래 아저씨 등줄기에 멋진 포물선 바다 잔치 알리죠

울긋불긋 열매들

두 손 모아 합창하고

꽃님들 얼굴에 벌떼들

뽀뽀 소리 윙윙윙

꼬꼬댁 꼬꼬 놀란 닭

휘둥그레 날개를 치며 흥분하네요

아 지독한 폭탄 터트린 스컹크 시치미 떼고 줄행랑치죠

지나던 도토리 데구르르 깔깔 배꼽 잡고

꺼어꺽 꺽꺽 나도 끼워 줘 팔자걸음 뒤뚱 거위

레몬은 노란 주머니 흔들고 인사하네요

멋진 연미복 지휘봉 흰 장갑 낀 펭귄 아저씨
단상에 허리 굽혀 둘러선 산천의
생명들에게 큰 인사를 하네요
지휘봉 박자 맞춰 천지가 쿵쾅쿵쾅
춤바람 바람에 지구별은 출렁출렁
에덴 정원에 큰 잔치 열리고 빵빠레 축포가 천지를 흔드네요
피조물들 대 오케스트라
도레미파솔라시도 도시라솔파미레도
빨주노초파남보 형형색색 휘장 걸치고
손에 손에 손잡고 강강수월래
생명들 탄생을 축하하는 합창들이 천지를 흔드네요
두 손을 맞잡은
에덴의 주인공
아담 하와
창조하신
하나님께 큰절을 올립니다
영광 영광
영광 받으시기
합당하신 하나님
지으신 만물을 통해 영광 받으시옵소서
심히도 좋으신 아버지
껄껄 웃으시네요
하하하 하하하 하하하

자연의 노래 - 봄

긴긴 겨울
끝자락
뼈대만 남은 나무 잔가지
끝
가만히 들여다보면
뾰족 뾰족
새 움이
돋아날 준비를 한다
가지
끝
톡 꺾어 보면
파르르 생명 줄기
그곳까지 뻗어 있다

논둑길 긴 등성이 넘어
너울거리는 아지랑이들
내가 딛고 선
발끝으로 전해지는
새싹들의 소곤거림

아, 한 해의 출발이 풋풋하구나
점심 먹고 밀려오는
고즈넉한 춘곤증에
일손 멈추고 잠속 여행 즐기며
활기찬
여름
문턱으로 들어선다

자연의 노래 - 여름

옆의 나무보다
질세라, 질세라
견주어 모두들
하늘 향해 손을 뻗는다
옆으로 위로 큰 잎새
손들이 합창을 한다
무더위 참다못한 아이들
물속 뛰어들고
웃통 벗고 등목하며
한밤 평상에 둘러앉아
모닥불 피우고
정답게 담소하던
우리네 여름의 뜨락
어머니 다리 베고
부채질 바람 속에
도란도란 꽃피우는
옛날얘기는
어느새 자장가로
꿈속 가을의
들녘을 본다

자연의 노래 - 가을

훠이 훠이
새 쫓는 소리
알알이 터질 것 같은 밤송이들
울긋불긋 대추들의 행진
붉은색 옷자락 여미고 수줍음에
방긋 웃는 석류들의 속삭임
태풍 뜨거운 햇살
잘 견디고
자기들 몫 다한 저 대견함
추수한 농부들
손길에
우린 희망을 발견하고
환한 미소 속에
숨겨진
풍요를 만난다
아, 이 가을만 같아라
바바리 옷깃 여미고
낙엽 밟으며
우린 시인이 된다

휘이익 옷자락 자락 끝으로

바람이 일면

마른 잎들 율동 속에 눈 이불 덮인다

자연의 노래 - 겨울

개미떼들 들락날락
겨울 준비 마치고
아낙네들 언 손 불며
김장을 한다
뽀드득 뽀드득 발밑에
눈 밟는 소리는
생우유 가루 먹을 때
나는 소리다
키 자란 나무들 정든 잎새 보내고
앙상한 가지 눈 이불 뒤집어쓰면
아, 한 해의 그리운 추억이여
멀리서 아이들 합창이 들린다
눈 뭉쳐 던지고 넘어지고
도망하고 항복하고 미끄러지고
강아지 함께 뛰는
웃음 짓는 정겨움
아, 자연을 선물하신
하나님 축복

예술가 우리 아버지

하나님 위대하심 찬양하라
인간의 연약함 고백하라
이 장엄한 그분의 창조 앞에
내 무릎 꿇어 주님 찬양하네
어찌 이런 물감 푸셨나요?
어찌 이런 창조 하셨나요?
주님은 예술가 우리 아버지
주님은 화려한 동산의 주인

오 장엄하도다 오 찬란하도다
이 말밖에는 어떤 언어 있나요
아버지
부르는 자녀의 축복이여
주님 보혈의 값이어라
펼치신 그분의 창조 옷자락
나 들어갈 천국의 모형들
찬란한 천국의 그림자
찬란한 천국의 맛보기
예술가 아버지 사랑이여
오 할렐루야 마라나타

산상수훈

왕국 설계도 펴시고
왕국 백성 그 나라 법
가르치신
예수 그리스도
산상수훈
너무나 고결하고
아름다워라
다툼 분쟁 거짓 없는
평화의 놀이 장
마음 마음
빗장 풀어
드넓은 사랑
꽃들의 춤
풍성한 열매
노래 부르고
함께 뒹굴어
손잡는
사랑 공동체
피로 맺은 찬양 하늘 울릴 때

천사들은 부러움에 하늘 춤추고
평화의 왕
영원히
높임 받으실
예수 그리스도
오 행복한
나라의 교훈이여
장차 축복의
샘물 터질
그 나라 눈에 선하고
예수 그리스도께
영광 올릴 그날 그날
우리는 승리의 찬양 드리리

폭풍 만난 인생도

천국 백성 된 자들
영광 찬송 주님께
주의 높으심 찬양
감사 기도 드리세
크신 사랑 그 은혜
할렐루야 주님께
높여 찬양 드리세
오직 주님께 영광

천국 문에 들어가
주님 영광 뵈올 때
예비하신 그 영광
어찌 말할 수 있나
그 피로 사신 도성
할렐루야 주 찬양
주님 은혜 감사해
무릎 꿇고 감사해

세상 고난 큰 물결

말할 수 없는 시련
폭풍 만난 인생도
주님 만난 이 축복
크고 놀라운 은혜
받은 자들의 축복
할렐루야 그 은혜
오직 주님께 영광

아버지 마음

돌아오라 돌아와
시간 늦기 전
문이 닫혀 끝나면
어찌 할 건가
사랑한다 그 말씀
아버지 고백
나간 자식 기다림 아버지 눈물

잃은 자식 찾아
산울 헤매며
밤 맞도록 애타는
아버지 마음
사랑한다 그 말씀
아버지 고백
지새는 밤 기다림 아버지 사랑

바람 소리 들려도
자식일런가
문 잠그지 못하고

마음 타버려

사랑한다 그 말씀

아버지 고백

잃은 자식 기다려 늦추는 재림

나인 성 거리 슬픔이 기쁨 되다

사랑하던 아들 장례 행렬은
나인 성 거리 울음으로 메우고
그 어미
숨 멎을 가슴 안고
그 뒤를 따르는데
무리의 흐느낌은
잿빛 하늘에 드리우다

그 어미는 과부
죽은 아들은 독자이다
주님
슬픔의 현장에
어미 눈물 보았다
주님 말씀하시다
여자여 울지 말라
그 말씀은 그냥 위로가 아니다
그 말씀은 살리시는 말씀이다

관에 명하시다

죽은 자 일어나라
죽은 자
살아났다
말하였다
죽은 아들 다시 품은 그 환희는
죽은 생명 다시 사는 천국의 환희
나인 성 거리
슬픔이 기쁨으로
죽음이 생명으로
무리들
하나님 찬양하다

하나님 자기 백성 돌아보시다
하나님 자기 백성 사랑하시다

사랑 아름다운 이름

사랑하면서 관심이 없다면 거짓이지요
사랑은 결심으로 이루는 것이 아닙니다
사랑하는 연인들은 눈빛이 다르지요
사랑 표시는 하트이지요
심장이 뛰니까 그렇게 표시할까요?

사랑은
내어줌입니다 희생입니다
값으로 환산할 수 없지요
부족함을 느끼지요

당신은 이런 사랑 하고 계신가요?
당신은 이런 사랑 계속할 수 있나요?
인간의 사랑은 한계가 있습니다
인간의 사랑은 범죄로 깨어졌지요

하나님 사랑은 죽으심이
다시 살리신 사랑입니다
하나님 사랑은 죽으심이

그 사랑을 이루셨습니다

하나님은 당신을 귀중히 여기십니다
하나님은 당신을 영원히 사랑하십니다
사랑의 근본은 하나님이십니다
초대합니다 당신을 하나님의 사랑으로

그저 울 뿐이죠

길 잃어 주저앉은
흑암 깊음의 자리
빛 비추이신
아버지
다함없는 사랑의
높이에
그저 울 뿐이죠
그저 울 뿐이죠

순례자의 행렬
내 영혼의 삶의 자리
피로 덮으신
아버지
다함없는 사랑의
넓이에
그저 울 뿐이죠
그저 울 뿐이죠

살아가는 이유

살아야 할 이유
마음에 주신
아버지
다함없는 사랑의
깊이에
그저 울 뿐이죠
그저 울 뿐이죠

다함없는 사랑

십자가 보혈의 사랑
다함없는 사랑
그 이름 앞에
오늘도 무릎을 꿇었다
하나님 사랑의 마음 세상에 펼치신 은혜
그분은 창조의 주님 세상의 생명의 빛

하나님 뜻 이루시는
주님의 비천한 모습
골고다 그 언덕길
내 마음 울었다
하나님 눈물이 머문 십자가 아들의 외침
그분은 창조의 주님 세상의 생명의 빛

길 잃은 나그네의 삶
어두운 세상 속에서
길 찾아 헤매는 소리
주님의 아픔이다
하나님 눈물의 호소 잃은 영혼 찾아라
그분은 창조의 주님 세상의 생명의 빛

기도의 자리

간음한 여인

한 여인이 성난 군중들에게 끌리어
예수님 앞에 나아옵니다
머리는 헝클어졌고 옷은 찢어지고
맨발은 피투성이군요
죄지은 여인은 감히 얼굴을 들지 못합니다
바로 간음하다 현장에서 끌려왔지요
율법은 이런 여인을 돌로 쳐 죽이라고 하지요
여인은 어떠한 변명도 할 수 없네요
얼마나 절망적이고 떨렸을까요?
군중들은 소리칩니다
이 여자를 보소서
주님은 몸을 굽혀 땅에 글을 쓰시는군요
죄 없는 자가 먼저 돌로 치라
군중들은 자신의 손에 들린 돌을 봅니다
군중들의 손에 들린 돌은
의인의 돌이라고 소리치고 있군요
마음에서 소리가 들립니다
돌로 칠 수 있느냐
먼저? 내가?

의기충천한 손들이 아래로 내려갑니다
자신이 자신을 고발합니다
너 먼저 칠 수 없지?
너도 간음한 자이지?
하나 둘 무리들은 흩어집니다
누가 흩어지라고 명령했나요?
먼저 돌로 치라고 했지요
왜 다들 갔을까요?
죄인이기 때문입니다

인간은 다 죄인입니다
간음한 자들입니다
하나님을 떠난 상태는 간음한 상태입니다
간음한 여인에게 예수님이 말씀하시는군요
나도 너를 정죄하지 않는다
다시는 죄를 범치 말라
간음한 자의 죄를 사하실 권세는
예수님밖에 없습니다
당신은 하나님을 떠나 간음한 상태인가요?
돌아오세요 죄 사하실 예수님께

오 주님

오늘도 주님께 회개합니다
겸손을 몸소 보여 주신
종으로 오신 예수 그리스도
그분을 주님이라 고백하는 나의 입술은
나를 변호하는 도구가 되었습니다
욥은 친구들이 정죄했을 때 자신을 항변했지만
나는 나 스스로 변호하고 항변합니다
꽃이 아름다움은 스치고 지나간
손길들의 수고로움이며
큰 거목의 위용은 태풍과 천둥을
선생으로 섬겼을 인내의 보상이겠지요
스스로 된 사람이 없을 터인데
자기 굴레에서 허덕입니다
합리화는 자신을 파멸시키는
사탄의 도구이지요
사탄은 제일 연약한 곳에 깃대를 꽂지요
절구에 넣어 빻아도 벗겨지지 않는 미련함은
송충이가 되어 한 걸음씩 더 기어오릅니다
골고다 언덕 십자가로 달려갑니다
죽으심이 살려내신 자신을 봅니다

고난 참 힘이 듭니다

고난은 슬픔을 동행하고 고통과 악수를 시키지요
만나고 싶지 않지만 눈물 웅덩이를 선물하고요
허락도 없이 방문을 열어젖혀 주인이 됩니다
협박도 하고 엄포도 놓지요
낄낄대며 웃기도 한답니다
생후 6개월 아들에게 혹독한 매를 때리고
저의 가정을 질질 끌어 나락에 던져 버린 20년 세월
의료사고 순간의 실수는 희망을 웃음을
솔개가 병아리를 낚아채듯 송충이가 솔잎을 갉아먹듯
뼈만 앙상한 허수아비 춤을 허락하였답니다
밤을 하얗게 지새운 적이 있는가요?
고난 참 힘이 듭니다
숨이 막힙니다
절망의 무게에 세월의 흐름도 정지됩니다
어두운 동굴의 뱅뱅이 놀이같이
그 자리에 검은 장막이 드리우지요
의인 욥이 고난을 받았군요
티끌과 재 가운데 회개를 합니다
만신창이 몸을 길거리에 누이고

조롱과 천대의 걸인이 되었군요
아내조차 하나님을 저주하고 죽어라 외칩니다
욥은 고난 중에 귀로만 듣던 주님을 눈으로 뵈옵지요
고난은 인생을 얘기합니다
무릎도 꿇게 한답니다
두 손 들게 만들지요
인간의 약함도 말해 주지요
우리 예수님 고난 참 힘드셨겠지요
하나님이 인간들에게 고난을 당하셨지요
고난의 잔 십자가 얼마나 외로우셨을까요
고난의 잔 십자가 얼마나 아프셨을까요
고난의 잔 십자가는 주님의 사랑입니다
고난 참 힘이 듭니다

무릎 꿇은 한밤 한밤에

눈물이 흐릅니다
주님 사랑 때문에요
가슴이 먹먹해져요
주님 은혜 때문에요
아무 생각 없어요
주님 생각 때문에요
지나간 울음의 세월들
수많은 낮과 밤
무릎 꿇은 기도의 밤
아팠던 절망의 신음
슬픔은 통곡 되고
두려움은 절망 되고
외로움은 고독 되어 주님 앞에 엎드려
지새우고 지새우던 밤 그 시간에 섰습니다

병든 자식 재우고
추운 밤 아버지 집
차디찬 시멘트 바닥
무릎 꿇은 한밤 한밤에

쏟아낸 응어리 마음 묵묵히 들어 주신 주님
만나 주신 주님 따뜻한 밤샘 온기는
소망 날개 꺾어진
마음자리에 생명의 빛
내밀어 주신 손길에
일어설 용기 찾은
그 길은 정금의 길
내게 유익한 시간
벅찬 주님 사랑에
눈물 편지 올립니다

문설주의 피

하나님 특명 떨어지고
자녀들 구출 작전 시작되다
깊음 속 신음하는
내 백성 찾으라
흑암 속 울부짖는
내 백성 구하라
어두움 가르시며 명령하시다
양을 잡아 그 피
문설주에 바르라
문설주 피 보면 건너뛰리라
이마에 인 맞은
내 백성을 구하라
문설주 피 바른
내 백성을 구하라
명령 받든 천사들 깜깜한 밤을 가르다
문설주 피
재앙을 피하고
문설주 피
죽음도 건너뛴다

흑암 깊음에 빠진 곳 탈출 명령 내리시다
문설주 피 없는 장자들 죽음
슬픈 호곡은 애굽을 절망시키다
깊은 흑암의 홍해 바다 물 벽 만들어
육지의 땅 밟듯 그 백성들
죽음의 땅 탈출시키시다
애굽 군대 수장시킨 해방의 역사

문설주 피 십자가에 쏟으시다
문설주는 천국의 문
그 문 들어가는 자
예수 그리스도 피
바른 자만 들어가리
믿는 자만 들어가리

문설주 피로 죽음을 건너뛴 백성들이여
그리스도 피로 지옥을 건너뛴 백성들이여

천국의 영광에 참여할찌어다
문설주의 피
예수 그리스도 피
문설주는 천국의 문이다

세상은 사탄의 입

세상은 사탄의 입
독사들의 동굴 무덤
동굴 속 절망의 함성은 끝날까지 이어지리
휘어 감는 힘
숨통 조이고
사탄의 술수 갈래 길을 만들다
사망의 독에 취한 자들
흐려진
눈으로 하늘을 바라보다
길 잃은 길에 서서 비틀 걸음을 걷다

알갱이 없는 이삭들
사망의 춤을 추다
열매 없는 무화과나무
그늘 밑에 모여
절망의 끈을 잡고
절망의 웃음 웃는다

세상은 사탄의 입

독사들의 동굴 무덤

동굴 안에 모여

겁먹은 눈동자들

그 긴장은 등골서 찬기가 흐르다

사망의 이름표 단 죽은 자들

사망의 울음을 영원히 울리라

동굴 무덤은 사망의 입

동굴 무덤은 단절된
죽은 자들의 장소이다
예수 그리스도
생명을 구하러 찾아오시다
연민의 울음을 우시다
동굴 무덤 앞
큰 위엄의 사랑이 우뚝 서시다

돌을 옮겨라
사망의 돌을 옮겨라
그 안에서 내 자녀를 찾으리라
사망의 굴에서 나오라

썩는 악취는 생명 끊긴 자의 표징이다
흰 천 칭칭 감은 죽은 자 일어났다
죽음도 죽음을 내어놓고
동굴도 죽음을 토하다
풀어놓아 다니게 하라
사망에 갇힌 자 그 결박 풀다

사탄의 결박 풀어 자유 주셨다
사망에서 생명으로
그 위엄의 명령은
천지를 창조하신 명령이다
만물을 복종시킨 명령이다

그 고통이여 그 아픔이여

찬양하라 경배하라
주님 영광 높여라
온 땅의 백성들아
영광을 돌릴찌라
죄악에 속박당해
끌려가는 백성들
해방의 역사 현장
골고다 죽음의 길

우리 질고 우리 슬픔
우리 죄악 우리 허물
찢기신 육체 피로 덮으신
그 고통이여 그 아픔이여
갈보리 산
외치신 그 한마디
다 이루었다

우리 해방되었다
그분의 희생이라

천국 주신 그 은혜
그분의 사랑이라
온 땅이여 찬양하라
하늘이여 찬양하라
주님께 주님께만 무릎 꿇어라
그 이름 예수 그리스도

천국서 만나면 참 좋겠다

거리에 나선다
아주 소중한 책자 내민다
예수님 믿으세요
10살 손녀
할머니 전도는 왜 해야 해요?
응 지옥 갈 사람 천국 가야지
하나님 사랑 전하는 거야
전도하는 세나 모습
천사들 사진 찰칵 찍겠네
천국 세나 집
얼마나 아름다울까
신나서 땀 흘리고
내달리는 손녀딸
예수님 믿으세요
나의 마음도 흐뭇한데
주님 웃으시겠다
전도하는 우리 가족
천국 공동체
오늘 만난 저들 영혼
천국서 만나면 참 좋겠다

인생은?

발자국 찍힌 곳마다 기쁨의 계곡과
슬픔의 계곡이 교차하는 길
때로는 아름다운 노래로
때로는 탁류의 노함으로
망망한 바다에 이를 때까지 굽이치는 길
장미 가시에 찔린 상처는 쓰리고 따가워
장미의 향기를 잊고 상처의 아픈 고통만 남는 길
철이 들어 주위를 둘러보니 그저 그만큼 살고 있다
그만큼 살고 나면 없어지고 또 태어나고
아, 이것이 인생이구나
보이는 세상에 매달려
보이지 않는 세상에는
눈을 감고 살고 있다
좋은 일에는 기뻐하고
나쁜 일에는 슬퍼하고

그저 그저 희로애락 안에서 자신의 이름표에 자신을 매달고
천 길 되는 세상의 늪에서 헤엄치고 발버둥치고
두 주먹 쥐고 큰 울음

터트린 벌거숭이 인생
하루 살아내는 삶의 무게에
죽음은 생각하지 않고 사는 길
하지만 모두들 다다르는 곳은
장막 벗는 죽음의 길
지금 그 시간에 선다면?
누구라서 막을 수 없는 한계 앞에 선다
죽음 앞에 나는?
어떤 생각을 할까?
오호라 이것이 인생이지만
남아 있는 것은 아무것도 없다
둘러선 가족의 숨소리만 방안에 가득할 것인가?
입은 다물어져 표현할 수 없고
눈은 감기어 볼 수 없어도
귀는 열려 들을 수 있다는데
가족들의 울음소리 애달픈 흐느낌에
내가 이제 저들과 작별할 시간을 알려 주는구나
몇년 몇월 몇시 세상에 소풍 와서
몇년 몇월 몇시 나 떠나간다
누가 나를 어떻게 평가한들
그것은 불완전한 사람들의 판단이라
숨 끊어지면 장례 절차 이어지고
국화가 나의 영정 사진 앞에 놓이겠지

육체는 불구덩이나 흙에 장사 지내면
세상에서의 고단한 인생 걸음은 마침표를 찍을 것이다
사랑하고 갈등하고 미워하고 축복한 희로애락은
사진 들추어 기억하는 추억이 되겠구나
보고 싶어 몇 밤을 지새우는 애달픔도
시간이 지나면
퇴색되어지는 아픔으로 사라지리라
살아 있는 사람은 치열한
쳇바퀴 인생으로 다시 돌아가겠지
인생의 해답을 인간에게서 자연에게서
찾으려 애쓰는 자체가 어리석음이다
자신도 모르는 대답을 할 수는 없지 아니한가?
인생의 해답은 지으신 하나님의 말씀이 답이다
예수님 믿지 않는 영혼들의 불쌍함이 안타까움이
평생의 나의 마음에 울음으로 남아 있구나
믿지 않는 사람들 하나님 심판을 어찌 받을 것인가
믿지 않는 사람들 참혹한 지옥을 어찌 갈 것인가
세상 소풍 마치는 삶의 소회를 묻는다면?
죄 올가미 씌워진 인생
숨 헐떡인 절망의 나락
손잡아 일으켜 피로 덮으신 주님의 사랑이랴
죄 사함 받은
자유함 받은 자

구원받은 은혜의 감격이라
본향 천국에 주님 만날 감격이라

외쳐라 울어라

여보게, 찰스 다윈이여

음 여기는 굉장한 황금 어장이군
여보게 찰스 다윈이여?
저 코흘리개들을 공격해 보게
자네가 이 어장의 고기를 낚을 주인이 되어 주게나?
하나님 창조를 깨는 어떠한 방법을 연구하게
난 창조를 생각하면 온몸이 떨리고 떨린다네
여보게 아이가 자라 어른 되는 진화 말고
원숭이가 인간이 되었다 하면 어떨까, 응?
인간과 원숭이는 많이 닮았지?
한번 슬쩍 던져 볼까?
그리고 인간들의 반응을 보는 거야
어때?
찰스 다윈이여

어, 어, 어, 저들의 꼴을 보게 대성공일세
의심 없이 받아들이는 저 꼴을 보게나
과학자의 말이 하나님 말씀을 이겼다?
하나님의 창조를 가위로 싹뚝 잘라
인간들의 조상을 원숭이라네 그려

땡큐 찰스 다윈이여, 충실한 종아

그런데

내가 이상해지려고 하는데?

나 사탄도 이건 아니잖아, 생각이 드네

그럼

한 마리만 진화한 것인가?

그리고

진화 과정의 화석도 없는데?

또한

왜 오늘의 원숭이는 진화를 안 하는 것이지?

오히려

나 사탄이 받아들일 수 없네그려, 음

영적인 눈을 감겨라 후후후

사탄의 나라에
비상벨이 울린다
나의 진영에
적군이 침투했다
긴급한 일이다
비상
비상
긴급 1호 발령이다
철저히 비상근무를 하라
구원받는 길을 차단하라

예수를 믿기 전
빛을 찾기 전
저자들 눈을 가려야 한다
어둠의 장막을 더 뒤집어씌워라
미혹의 악한 영들아, 총출동하라
예수 믿지 않는
인간들은
나의 자식들이다

저들은 처참한 지옥의 동행자들이다

길 진리 생명의

예수를 믿기 전

영적인 눈을 감겨라,

나의 부하들이여

후후후

천재인가 봐?

인간은 태어날 때
나 사탄의 본성을 갖고 태어난다
예수께서 말씀하셨다
너는 너희 아비
마귀에게서 났다
너희 아비 마귀의
욕심을 행하고자 한다
저는 처음부터 살인한 자요
진리가 그 속에 없어서
진리에 서지 못한다
거짓을 말할 때마다
제 것으로 한다
저가 거짓말장이요
거짓의 아비이기 때문이다

그래 맞아
이건 부인할 수 없는
사실이자 진실이지, 음
나 사탄은

에덴에서 속삭였지
거짓을 말이야
선악과를 먹어
너 하나님 같아져
거짓에 속은 인간들의
비참한 현실을 보면
나 사탄은 정말 천재인가 봐
후후후

우 우 우 성도여

성도여 성도여
참 존귀한 이름 성도여
성도여 성도여
참 고귀한 이름 성도여
성도여 성도여
참 거룩한 이름 성도여
그 이름 주신 주님
순결의 아름다운 옷 입히셨네

우 우 우 주님 은혜 감사하세 성도여
음 음 음 주님 은혜 찬양하세 성도여

존귀한 이름 성도여
주님의 보혈 거룩함이라
고귀한 이름 성도여
주님의 보혈 사랑이어라
순결한 이름 성도여
천사들도 흠모한 이름이어라
거룩한 이름 성도여

천상의 천국까지 이어지리라

음 음 음 우 우 우
존귀한 이름
고귀한 이름
순결한 이름
거룩한 이름
그 이름 예수 그리스도
그 이름 성도의 이름

외쳐라 울어라

거리에 쏟아 쏟아진다
세상 그물에 씌워진
영혼 영혼들
오늘도 또 내일도 목적 없는 발길들
어디가 길인지
무엇이 진리인지
어디로 가는지
황량한 벌판에 서서 두 팔 벌린다

때로는 그들도 길을 찾고 싶은데
때로는 그들도 길을 알고 싶은데
어디 어디 어디서 답을 얻을까?
어디 어디 어디서 평안 얻을까?

이 허무함은 무엇인가?
참 자유 평안을 가지고 싶다
인간은 빵으로만 살 수 없는 존재
인간은 그보다 더 높은 것을 원한다

예레미야 선지자는 외쳤다
마음이 불타올라서
눈물의 선지자 되었다
그들 영혼 불쌍해서
그는 외쳤다 그들의 죄악을
그는 울었다 주님 긍휼 바라며

외쳐라 외쳐라 예레미야같이
울어라 울어라 예레미야같이
길과 진리 생명의 예수 그리스도
외쳐라 울어라

정말 내가 죄인이라고?

너 죄인이다
응?
내가 죄인이라고?
멱살을 잡고 눈을 부라린다
내가 왜 죄인이야?
증거를 대라
나같이 착하고 선하고 동정심 많고
정직한 자는 하늘 아래 없다
왜 왜 내가 죄인이냐고?
그래?
자, 이 성경 말씀을 봐
의인은 없다 한 사람도 없다
모든 사람이 죄를 범하여 하나님 나라에 가지 못한다
어때?
모든 사람 중에 너는 사람이 아니야?
너를 만드신 하나님이
네가 죄인이라 하시잖아?
정말
내가 죄인이라고?

떨기나무 불꽃

떨기나무는
소망 잃은 자들의
이름
나의 이름 부르시는
아버지
그분은
나를 지으시고
나를 알고
나를 기다리셨다
태어난 곳이
흑암의 자리라
빛도 생명도 끊어진 어두움
부르시는
그분 음성
예수 그리스도
떨기나무에 생명 던지시다
떨기나무에 불꽃 피어오르다
떨기나무에
생명의 꽃이 피리

죽은 뼈들도 살아나

숨쉬리

떨기나무 불꽃은

생명의 불꽃

떨기나무

불꽃에서 춤추리

그 불꽃

영원히 피어오르리

못다 한 말

용서받은 자 용서받을 자

용서는 상대방의 잘못을 마음에 두지 않고
멀리 던져버리는 행위입니다
진정한 용서는 용서받은 자가 용서의 참 의미를 아는 기쁨 아닐까요?
진정한 용서는 자신이 용서받아야 할 연약한 사람임을 알아야 가능하지 않을까요?
진정한 용서는 용서받은 자만이 행할 수 있는 축복이 아닐까요?
당신은 언제 어떠한 일로 누구를 용서하셨나요?
혹은 용서를 받으셨나요?

하나님이 나를 용서하실 때
명령만 하시지 않았습니다
선포만 하시지 않았습니다
하나님이 나를 용서하신 사건은
십자가 위에서 육체가 난자당하신 죽음의 용서입니다
십자가 위에서 하나님께 버림받고 저주받으신 용서입니다
십자가 위에서 피로써 죗값을 지불하신 용서입니다
하나님께 갚을 수 없는 용서를 받은 자

바로 나와 당신입니다
당신은 주님께 용서받으셨나요?
아직도 주님께 용서받지 못하셨나요?
먼저 주님께 용서를 받으세요
그리고 용서받을 자를 용서하세요
우리 모두는 연약합니다

지푸라기라도

지푸라기라도 잡는 심정이다
참 절박한 상황을 말하는군요
지푸라기가 무슨 힘이 있나요
긴급하고 절박한 표현이지요

저의 아들은 생후 6개월 핏덩이가
경기를 하였답니다
뇌 검사를 위해 척수 액을 빼는 과정에서
고열과 함께 혼수상태가 되었지요
그때 절박한 심정은 자동적으로
하나님께 무릎을 꿇고 살려 달라고 매달렸답니다
주님을 떠난 죄인이었다고 잘못했다고
긴 병원 복도에 뛰쳐나와 소리 지르며 기도하였지요
지푸라기라도 잡는다는 절박함에
내 영혼은 떨었고
긴박함은 내 마음을 정지시켰지요
당황한 의사들은 얼음덩이 위에
알몸의 아들을 올려놓았답니다
40도 넘는 고열을 식히기 위해 차디찬 얼음 위에

발가벗긴 알몸을 올려놓았으니 그 몸이 어떻게 되었을까요
눈을 뜬 아들의 몸은 문어같이 늘어져
안을 수가 없었고 눈동자는 초점을 잃었지요
그 시간은 하늘과 땅이 맞닿았고
숨조차 쉴 수 없는 절박함에
지푸라기라도 힘이 될 순간이었답니다
의학이 망가뜨린 어린 생명의 뇌는
순간순간 발작을 일으켰고
어두운 터널에서 생의 싸움을 처절하게 하였지요
그 모습을 보는 어미의 마음은
천 길을 떨어지고 만 길을 헤매지만
허우적일 뿐 돌아선 그곳에는 아들의 괴성만
어두운 장막을 찢는 비명이었답니다

아들을 고치겠노라 찾아간 기도원에는
지푸라기에도 매달리고픈 영혼들로
인산인해를 이루고 있었지요
세상 의학의 사형선고를 받은
저들의 마지막 지푸라기는
하나님의 집이고 하나님 은혜를
기다리는 간절함이었답니다
참 인생이 절박한 상황에서는
체면 인격 품위는 사치인가 봅니다

모두들 인생의 계급장을 내려놓으니
하나님 앞에서 아기가 되더군요
복수가 차서 금방이라도 터질 것 같은 간암환자
계속 허공을 쳐다보며 중얼거리는 대학생
넘어지고 또 넘어지는 간질환자
몰아쉬는 숨소리에 금방 숨이 멎을 것 같은 뼈 암환자
저는 너무나 일찍 인간의 존재와 한계를 배웠답니다

삶이 무엇일까요
내일도 오늘같이 웃을 수 있을까요
인생의 한계에서
하나님의 전능하심을 배웠습니다
인간은 한계를 인정하면
자동적으로 하나님을 향하니까요
아, 이 글을 쓰는 마음이 심히도 힘들군요
나의 기억 속 제일 큰 아픔과 고통의 시간이었답니다
하지만 나 같은 미련함과 교만함을
하나님 앞에서 부리지 마시길 부탁하며 글을 씁니다

지푸라기의 절박함을 인생에서
만나지 않으면 얼마나 좋을까요
하지만 인생의 주인이 내가 아니기에
우리는 항상 주님 은혜를 기도드립니다

잠시 후면 모든 인생이 그분을 뵙는다는 것을 안다면
그 자체가 그분 앞에서
지푸라기라도 잡고 싶은 간절함의 시간이 되겠지요
어떤 삶을 살아야 할까요
우리는?
지푸라기의 절박함을 겪지 않으셨나요?
감사함으로 하나님께 나아가세요
지푸라기의 절박함을 겪고 계시나요?
기도함으로 하나님께 나아가세요
우리 모두는 지푸라기 인생입니다

값이 떨어져요?

어느 날 큰딸이 양손에 붕대를 감고 왔지요
어떻게 된 거야? 센터에 승진(가명)이가
붕대를 풀어본 손바닥과 손등은
많은 곳이 살점이 뜯겨져 있었지요
감정이 격앙되면 스스로 감정이 정리될 때까지
기다려 주어야 한다는군요
얼마나 아프니?
딸의 큰 눈에 눈물이 주르륵 흐릅니다
엄마, 나 아픈 것은 괜찮은데 그 녀석이 많이 좋아졌는데
다시 그런 행동을 하는 것이 마음이 아파요
어떤 날은 장애인 엄마들의 현실의 삶의 무게와
또 세상의 잘못된 인식 때문에 눈물을 흘리는군요

둘째딸도 다시 공부를 하고
언니와 같이 장애인들을 치료하고 있지요
밥 먹이기 대소변 치우기 치료 교육 힘들고 고단한 일들이지만
그 아이들이 너무 사랑스럽고 예뻐서 어쩔 줄 몰라 하는
딸들을 보면서
하나님께서 저들의 마음을 만지고 계시구나 생각하지요

의료사고로 장애가 된 동생을 생각하며
장애인들의 선생들이 되었답니다
의사소통 생활개선 정책 입안 등은
장애인들에게
실질적으로 필요한 부분들입니다
하나님은 우리 가정에 사명으로 주셨지요
장애는 자신이 제일 힘이 듭니다
누구나 어떠한 원인으로든 장애를 입을 수 있지요
예외는 없습니다

센터를 옮겨야 해서 여러 곳을 찾아 나섰지요
중개소들마다 장애인 센터에 대해서는
글쎄요? 건물값이 떨어지기에
글쎄요? 땅값이 떨어지기에
장애인 학교를 세운다면 빨간 머리띠를 두르고
결사반대 구호를 외치고 길거리에 몰려나옵니다
자신들의 재산에 손해가 된다는 이기적인 마음이겠지요
동물들도 집안 침대에서 끼고 자고
심지어 뱀까지 품고 사는 세상입니다
왜 장애인이 이웃이 되면 값이 떨어지나요?
왜 혐오 시설로 인정받아야 하지요?
선진국이란 장애인들을 우선적으로 배려하고
이웃으로 존중하지요

조금은 연약하고 부족한 것이
멸시를 받아야 할 대상은 아니지요
그 영혼들은 세상에 때 묻지 않고
악과 타협치 않고
거짓하지 않고
그들의 눈은 너무나 순수하고 그들의 마음에는
맑은 시냇물이 흐른답니다

성경에 망대가 무너져 열여덟 명이 죽은
사건에 대한 말씀이 있지요
저희 죽은 사람의 죄가 살아있는 자의 죄보다
더 중해서 죽은 것이 아니다
너희도 회개치 아니하면
다 이와 같이 망하리라는 경고입니다
장애는 자신의 잘못보다는 가족과 이웃이
감당해야 할 몫까지 나누어 진
아픔인 것을 알고 섬겨 주세요
그들은 날마다 주님의 사랑을 받는답니다
악하고 부패한 세상이 그들을 멸시하는 것은
범죄입니다

심판과 영원한 처소

한번 죽는 것은 정해진 것이요

그 후에는 심판이 있으리니 (히 9:27)

사람은 죽음 후에는 반드시 하나님 심판대 앞에 섭니다

죽음의 결정권자도 하나님

심판의 결정권자도 하나님

이것은 정해진 길

하나님은 모든 행위와 모든 은밀한 일을

선악 간에 심판하신다 (전 12:13)

지으신 것이 하나라도 그 앞에 나타나지 않음이 없고

오직 만물이 우리를 상관하시는 자의 눈앞에

벌거벗은 것 같이 드러나리라 (히 4:13)

죽음은 죄의 값이고

죄의 결과입니다

사람이 죽는 것은

죄인이라는 증거이지요

예수님을 믿어야 할 이유는

인간의 죄를 대신해

죽으셨기 때문입니다

하나님이 친히 죽음으로

공의를 이루셨기 때문입니다
세상의 부귀영화를 얻기 위함이 아닙니다

선악과를 먹으면 반드시 죽는다는 것은
하나님의 법입니다
아담에게 법과 자유의지를 주셨지요
아담은 자유의지로 선악과를 먹었고
죽음을 선택하였지요
인간에게도 선택할 수 있는
자유의지를 주셨네요
예수 그리스도 믿고 구원받는 길을
당신에게도 선택의 길을 주셨네요
예수 그리스도를 믿고 심판을 피할 수 있는 길을
믿음은 순종이지요
믿음은 하나님 말씀을 신뢰하는 것이지요
저(예수그리스도)를 믿지 않는 자는
하나님의 독생자의 이름을 믿지 아니하므로
벌써 심판을 받은 것이다 (요 3:18)
어떠세요?
지금 하나님의 심판을 받고 계신가요?
하나님은 영원하신 분입니다
시공간의 제한이 없습니다
전지전능하십니다

그분 앞에 숨길 수 없습니다
어떠한 종교도 박식한 학자도 제시할 수 없는
사후의 세계
하나님만이 답을 주시는 주인이지요
사람은 영원히 사는 존재입니다
당신의 죄의 값을 오로지 받아야 하는
하나님 앞에 선 당신을 상상해 보실까요?
죄인에게 떨어지는 사형 언도는 지옥입니다
누구든지 생명책에 기록되지 않는 자는
영원한 불 못에 던지우더라 (계 20:15)
생명책에 기록된 자는
예수 그리스도를 믿는 자의 이름
죄 사함 받은 자의 이름
거기(지옥)는 구더기도 죽지 않고
불도 꺼지지 않으리라 (막 9:48)
사람마다 불로 소금 치듯 함을 받으리라 (막 9:49)
몸은 죽여도 영혼을 죽이지 못하는 자를
두려워하지 말고
오직 몸과 영혼을 능히 지옥에
멸하시는 자를 두려워하라 (마 10:28)

혹자는 이런 말도 하지요
하나님이 사랑이시면 어떻게 사람을 지옥에 멸하시는가요?

당신은 천국을 허락하신 그분을 왜 거부하시나요?
주님은 당신의 죄를 사하시는 극한 형벌을
십자가에서 죽음으로 이루셨고
당신에게 은혜로 구원의 길을 값없이 허락하시는데요
믿지 않고 항변하고 거부하는 마음이 교만입니다
하나님을 대적하지 마세요
영육 간에 아무 유익이 없습니다
순종하세요
주님은 지금도 당신을 기다리십니다

하나님 땡큐

인간 역사는 인간이 알 수 없지요
왜일까요?
인간이 만들지 않았기 때문이지요
인간은 주인이 아니잖아요
당신의 인생을 계획대로 뜻대로 할 수 있나요?
우리는 지구라는 별 안에 담겨져 있지요
하루에 한 번씩 빙빙 돌지요
그것도 약간 기울어서 말입니다
기울어서 돈다는 느낌을 느끼시나요?
숨이 막히나요? 지구라는 별에 갇혀서?
답답함을 느끼시나요?
저는 외국에서 본 밤하늘의 별들을 잊을 수가 없지요
보석들이 촘촘히 박혀 있었지요
보석이 뿌려져 있었지요
탄성 탄성
선물하신 하나님을 찬양하였답니다
다이아 보석을 케럿으로 산다면?
아 생각을 멈추어야 하겠지요?
한데 별을 보는 값을 하나님이 요구하신다면

값은 얼마나 지불해야 할까요?
좀 엉뚱한 발상인가요?

물의 값은?
공기의 값은?
햇빛의 값은?
나무와 숲은?
다 합치니 자연이 되었군요
보이는 것과 보이지 않는 물질은
무에서 유를 창조하신 하나님 작품입니다
자연이 스스로 생겨났다 말씀하시나요?
좀 있으면 울긋불긋 온 산천의 단풍이
춤을 추는 계절이 오네요
사람은 자연을 좋아합니다 노래합니다 또 숭배도 하지요
너무나 아름다운 자연을 바라보면 울음도 터트리지요
한데 이 자연을 창조하신 하나님은
왜 부인할까요?
그분이 만드셨다 말씀하시는데 말이죠?
자연이 스스로 자연이 되었다?
그럼 비행기가 스스로 비행기가 되었다는 거네요?
볼펜 하나도 작은 스프링 하나도 만든 사람이 있고
만든 목적과 이유가 있지요?
맞지요? 더 설명이 필요한가요? 다 알고 계시잖아요

그런데 왜?

유독 만드신 하나님은 부인하고 부정하시죠?

태초에 하나님이 천지를 창조하셨다

또한 지으신 것이 하나도 예수님 없이는 된 것이 없다

어떠하세요, 여러분?

창조하신 분이 선포하셨는데도 우기실 건가요?

인정하세요 순종하세요 감사하세요

그리고 믿으세요

하나님을 대적하지 마세요

당신에게 무슨 유익이 있나요?

어린 애들에게 거짓하지 말라 교훈하는데

어른이 거짓하면 그것은 교만이지요

이제부터는

햇빛 달빛 별빛 바람 공기 단풍 노을

세상의 모든 것을

마음껏 사랑하고 공유하고 행복하세요

하나님이 우리에게 주신 선물이지요

하나님의 축복이지요

그리고 마지막은 이 모든 것을 만드시고

선물하신 하나님께 감사하세요

하나님 땡큐

믿는 자의 본향 천국

내일 일을 기약할 수 없는
나그네 삶
아침 안개와 같이 사라지는
인간의 생명
아름다움도 성공도
영원히 살 것 같은
건강도
헤어질 수 없을 것 같은
사람도
때가 되면 놓아야 하는 시점이 오지요
인생은 죽음이 끝인가요?
성경은 육체의 장막 집이 무너지면
영원한 집이 있다고 하십니다
그 집은 하나님께서
지으신
집이라고 하시네요
이 세상은 죄의 값으로 완전하지도 영원하지도 않지요
인간이 완전하지 않은데 완전한 것이 있을까요?
진짜 완전함은 장차 들어갈 본향 천국입니다

그곳은 우리가 상상할 수 없는 완전함의 나라입니다

완전하신 하나님이 통치하시고 다스리시는 곳입니다

그곳은?

죽음과 고통과 슬픔과 눈물과

이별과 두려움이 없는 천국

분쟁 다툼 원망 질투 시기

욕심 죄가 없는 천국

먹지 않아도 잠을 자지 않아도

영원히 사는 천국

썩어짐 자연재해 의식주

공부에서 해방되는 자유의 나라이지요

사랑 평안 희락 기쁨 행복만 누리고

영원히 사는 하나님 집이지요

천국의 길은 황금길

천국의 성곽은 각종 보석

천국은 햇빛이 아닌

하나님이 빛이십니다

아 영원한 낙원

최상의 아름다움 속에서

하나님과 영원히 살 수 있는

나의 본향 천국입니다

어떠세요 가고 싶지 않으세요?

이 육체의 세상 힘이 드시죠?

이 천국 꼭 가셔야 합니다

단 이곳은

아무나

들어갈 수 없지요

자격이 필요합니다

완전한 사람만 들어갑니다

의인만 사는 곳이기 때문이지요

죄인은 도무지 갈 수 없답니다

하나님과 영원히 사는 자격은

하나님 같아야 합니다

즉 하나님같이

완전한 자만 들어갑니다

당신은 하나님같이

완전한 사람이신가요?

이 완전함이란 평생 한 번의

미운 생각만 가졌어도 갈 수 없습니다

인간은 완전할 수 없다고요?

인간의 힘으로는 갈 수 없다고요?

맞습니다 정직하시군요

의인은 없나니 한 사람도 없다

모든 사람이 죄를 범했다

하나님께서 말씀하십니다

천국은 가고 싶은데

당신은 완전하지 않으시면
어찌해야 할까요?

단 한 가지 길이 있습니다
하나님께서 허락하신 길
사람의 모양으로 오셔서
십자가에서 죽으신
예수 그리스도
하나님께 죄의 용서를 받는 길은
예수 그리스도의 피로만
죄 사함 받음을 믿는 믿음입니다
당신의 행위가 없어서 죄송하다고요?
구원은 은혜 즉 선물입니다
십자가 주님께서
다 이루었다 선포하셨지요
죽으심으로 열어 놓으신 천국 길
그분의 피로 죄의 값을 지불하신 천국 길
다 이루신 예수 그리스도
나의 주 나의 하나님으로
영접하세요 믿으세요
선물을 감사함으로 받으세요
본향 천국서 뵙기를 기도합니다

죽어가는 아들 모습을 보고 쓴 시들

신성종(목사, 시인, 크리스천 문학나무 편집인)

나는 많은 시들을 읽어 보았지만 이옥련 권사의 시는 이 세상 어느 누구도 따를 수 없고 모방할 수 없는 것들이다. 구태여 비교한다면 세상의 때가 전혀 묻지 않은 어린아이가 하나님 앞에 쓴 편지와도 같은 시들이다. 이 시들은 기도요, 설교요, 논문이요, 성경 요약이라고나 할까. 무슨 시가 이래 하고 집어던질 사람도 있겠으나 필자의 입장에서는 구절구절마다 눈물이 뚝뚝 떨어지게 하는 하나님께 드리는 찬송 시들이다. 그 시들이 너무도 귀하고 존경스러워서 눈에 눈물이 고이게 만들어 주었다. 이런 시는 내 평생에 두 번째 읽어 본다. 그 첫 번째가 인도의 시인 라빈드라나트 타고르의 <신께 바치는 노래>(Song Offering)이고 다음이 이옥련 권사의 시이다.

이제 필자도 나이가 팔십의 후반에 이르러 눈물이란 것이 메말라 버렸는데 이옥련 권사의 시가 필자를 울렸다. 세상의 때가 전혀 묻지 않은 글이기 때문이다. 지금 세상에는 발에 차이는 것이 시들이다. 그 시가 그 시 같고 서로 모방이나 한 글들이 많은데 이옥련 권사의 시는 그렇고 그런 식상한 시들의 범례를 전혀 따르지 않고 자기만의 글로 가슴을 치며 우는 신앙고백이란 점에서 크게 칭찬하고 싶다. 주님이 좋아할 시요, 하나님께서 귀하게 보실 시란 점에서 큰 점수를 주고 싶다. 바라기는 이 시들이 다른 많은 사람들의 영혼에 감동을 주었으면 한다.

나중에 안 사실이지만 의료사고로 오랫동안 울고 기도하던 아들을 먼저 보내고 함께 죽지 못해 죽음보다 더 괴로운 날들을 보내면서 눈물의 잉크로 쓴 시들이란 점에서 모든 부모들의 공감을 사기에 충분하다.

하나님의 눈물과 통곡의 기록

김해성
(목사, 중국동포교회 담임, 사단법인 지구촌사랑나눔 대표)

큰 과오가 있는 사람에게 추천사를 부탁해 와 무척 당황스럽고 두려웠다. 하나님의 심판과 용서, 사랑과 긍휼히 여기심의 복음 앞에 용기를 얻어 하나님의 일하심에 순종하기로 작정하며 이 추천사를 쓴다.

2008년도에 출판된 이옥련 권사님의 책 <아들아 사랑하게 해 줘서 고마워>에 쓴 추천사의 제목은 '오늘날의 사도행전'이었다. 장애 아들을 돌보며 복음을 전하며 살아온 한 가족의 삶은 목숨을 위협받는 박해 속에서도 복음을 전했던 초대교회의 제자들을 기억나게 하는 신앙의 전기였다.

그 후 어떻게 되었을까?

21년 동안 중증 장애아들을 보살피면서도 전도에 목숨을 걸었던 이옥련 권사님의 인생을 하나님께서 어떻게 인도하셨고, 어떻게 사용하셨고, 어떠한 은혜를 입히셨는지를 오늘이 시집에서 말하고 있다. 남이 보지 못한 것을 보게 하셨고, 남이 듣지 못한 것을 듣게 하셨다. 남이 보지 못한 하나님의 눈물을 보게 하셨고, 남이 듣지 못한 하나님의 통곡을 듣게 하셨다. 그리고 그 내용을 기록하게 하셨다.

"하나님께서 천지를 창조하셨을 때 함께 그 자리에 있었는가?"

"인간을 만드시고 보시기에 심히 좋았더라 기뻐하셨던 그 모습을 보았는가?"

"찬란한 영광을 얻었던 인간이 하나님을 대적하는 사단에게 속아 하나님을 배반할 때 하나님께서 흘리시던 피눈물을 보았는가?"

"사단의 운동장으로 변해버린 이 세상을 보시며 토해 내시는 탄식 소리를 들어보았는가?"

"죽으리라 반드시 죽으리라 말씀하신 공의를 스스로 이루고자 사람의 모습으로 이 땅에 오셔서 '연약한 자'처럼, '아무것도 할 수 없는 자'처럼 로마 군병들의 손에 이끌려 피투성이가 되어 십자가에 달리신 예수 그리스도를 보았는가?"

"약속하신 대로 '만왕의 왕'으로, '만유의 주'로 다시 오실 예수님이 정말로 믿어지는가?"

이 시집에서 이 모든 것을 말하고 있다.

고난과 절망 속에서 꽃피운 아름다운 천국의 노래가 이 시에 담겨 있다.

왕으로, 심판주로 곧 다시 오실 우리 주님 예수 그리스도를 이 시 속에서 만날 수 있다.

이 시를 한 편 한 편 읽어 내려가며 온몸에 전율을 느꼈다. 아니, 두려웠다. 아니 많이 아팠다. "나 때문에..." 하는 절규를 하였다. 나 때문에 하나님께서 눈물을 흘리시고, 나 때문에 하나님께서 탄식하시고, 나 때문에 하나님께서 통곡하시는 소리가 들렸기 때문이다.

내가 30여 년 동안 가까이에서 지켜본 이옥련 권사님은 누구 앞에 스스로 나서기를 매우 부담스러워하는 분이시다. 오른손이 하는 일을 왼손이 모르게 하는 분이시다. 많은 곳을 돕고 섬기면서도 드러내지 않는 분이시다. 이 글을 써서 하나님께 영광을 돌리겠다고 자원해서 쓴 것이 아님도 알고 있다.

믿건대 40여 명의 성경 저자들이 성경을 기록할 때 이렇게 했을 것 같다. "성령의 감동하심을 입어"라는 말씀이 이럴 때 표현되는 말씀인 것 같다.

성령님께서 사로잡으시고 말씀을 주시면 하루 종일, 때로는 몇 날 며칠을 글을 쓴다. 마음에 감동을 주시는 대로 받아 적는다. 적고 나면 한 편의 시가 되고, 수필이 되고, 논문이 되고, 설교가 되고, 이 시대를 향하신 하나님의 음성이 된다.

그래서 이 글들은 모든 것을 망라한다. '시(詩)란?' 이렇게 써야 한다는 모든 내용을 뛰어넘는다. 그러나 거기에 하나님의 마음이 있다. 하나님의 미소가 있다.

낭독하고 필사하고 싶은 '이옥련 시인체'

전정희
전 국민일보 논설위원 겸 국장(종로문화원 전문위원)

'일어나 전파하라
구원받은 자녀들아
어둠에 빛을
그 빛 예수 그리스도'

이옥련 시인의 '전파하라' 시 첫 구절을 읽는 순간, 이 당연하고 당연하고 또 당연한 말씀이 왜 그리 폐부 깊숙이 닿았는지 모를 일이다. 그의 시 모두는 고난과 절망 속에서 꽃 피운 아름다운 천국의 노래이다.

오래된 나만의 습속이 있다. 삶이 고단할 때 성경책을 아무데나 펼친다. 그리고 무작정 낭독한다. 또 하나의 습속. 상상력의 빈곤을 느낄 때 윤동주 시인의 친필 원고 인쇄본을 본다. 갱지에 내려 쓴 시를 따라 쓴다.

이옥련 시인의 연작을 읽노라면 낭독하고 싶은 마음과 필사하고 싶은 마음이 동시에 든다. 단 한 문장도 허투루지 않다. 당연하고, 당연하고 또 당연한 말씀인데도 이 시인의 문장은 기품이 넘친다. 흠모의 마음이 운율로 드러난 것이지만 '이옥련 시인체'가 있다. 윤동주 친필 시를 읽을 때 '윤동주 시인체'를 느끼는 것과 같다.

믿는 자의 고난을 말하고 싶지 않다.

시인의 고난을 일깨우고 싶지 않다.

우리가 주 예수 그리스도를 따름으로 해서 고난받는 것은 당연하다. 성도가 됐건 시인이 됐건 그 고난에 감사할 날이 올 것이다.

여기 수록된 이 시인의 작품은 단 한 순간도 그리스도를 놓지 않았던 '이옥련 문학 세계'이다. 그의 달란트가 정금으로 엮어진 것이 더없이 기쁘다.

빗나간 1초